飾る爪から
きれいな自爪へ

爪を育てる5つの方法

育爪は、サロンに通わなくても、自分で自宅ですることができます。
次の5つのことに気をつければ、「健康で美しい爪」になります。

①爪切りでなく、ファイルでカットする→爪を整える
②爪にオイルを塗る→爪を保湿して保護する
③爪を道具にしない→爪のはがれを防止する
④自分に合った食事と睡眠をとる→爪に栄養を与える
⑤爪をもむ→爪でストレス解消

育爪のすべてを、この本では紹介しています。
一度読めば、あなたの爪が一生変わります。
さあ、今日から育爪生活を始めましょう。

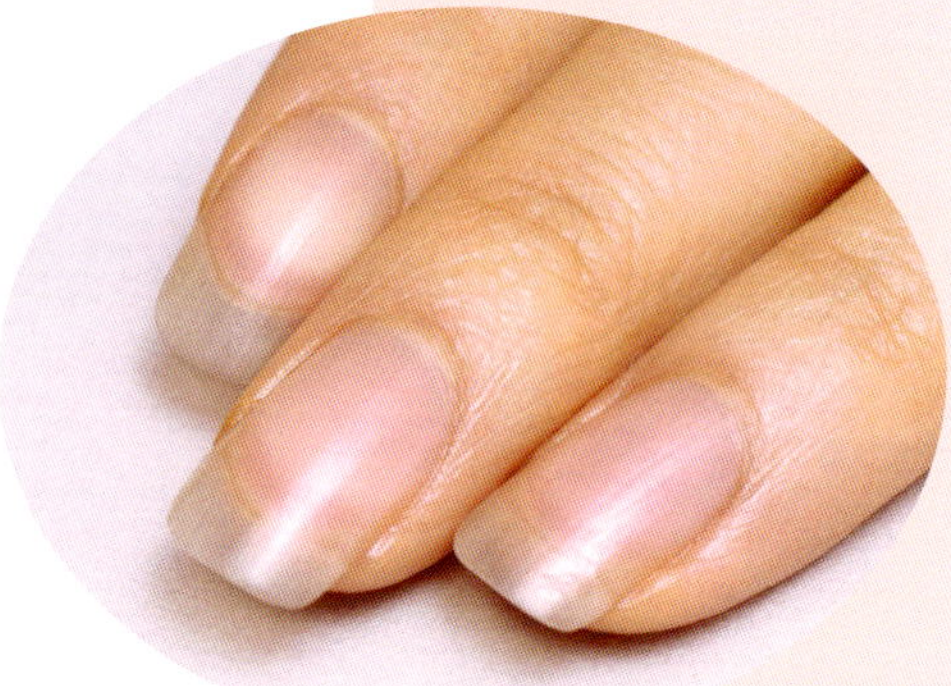

著者の爪

「健康で美しい爪」の8つの特徴

1.爪のピンク色の部分が長く、立体的なカマボコ形をしている
2.爪がきれいなピンク色をしている
3.本来の厚みがある
4.爪にツヤがある
5.縦すじや横みぞがない
6.二枚爪になっていない
7.ささくれがない
8.薄皮が荒れていない

あきらめていた爪も、育《いく》爪《づめ》でこんなにきれいに！

48歳・女性

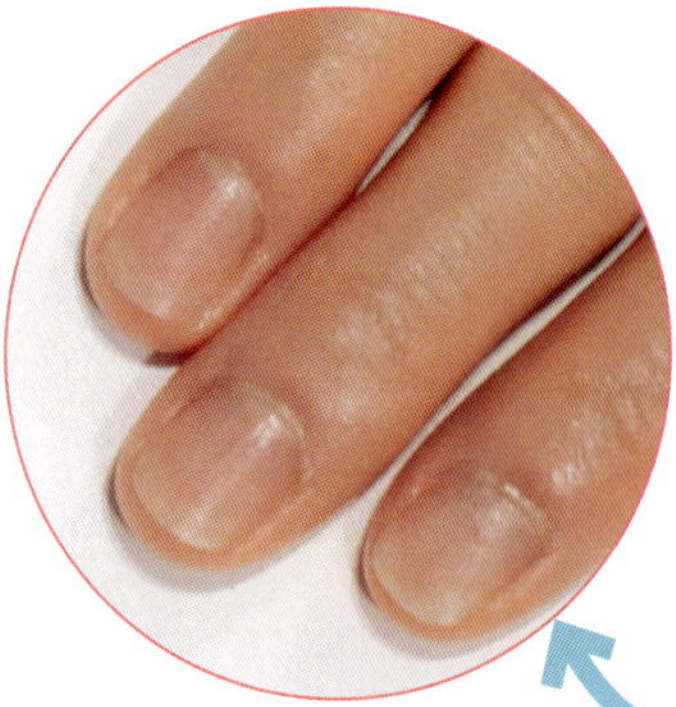

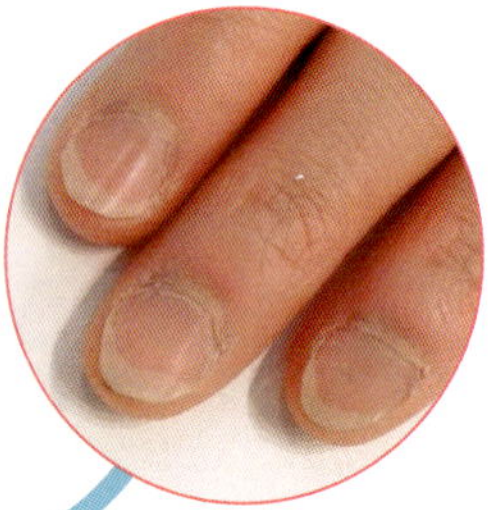

After

育爪を始めて6ヵ月。角の部分を切らずに残し、爪を道具として使わないように気をつけたところ、爪と指が徐々に密着し、ピンクの部分も増えてきた。

Before

- 爪の両角の部分を切りすぎている。
- 爪の両角の部分が、指からはがれている。
- 爪のピンクの部分が短い。

57歳・女性

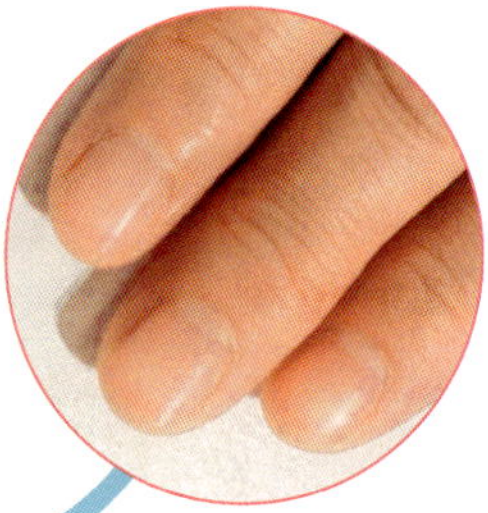

After

育爪を始めて6ヵ月。爪の白い部分を伸ばしたことで、爪と指が密着し、ピンクの部分が長くなってきた。さらに、爪の両角と指がしっかり密着したことで、カマボコ形の立体的な爪の形になった。

Before

- 爪の白い部分をすべて切っているため、深爪になっている。
- ピンクの部分が短い。

＊彼女が育爪にチャレンジした様子はP.84、85で紹介。

飾る爪からきれいな自爪へ

育《いく》爪《づめ》のススメ

あなたは自分の爪に自信がありますか？

「手を見れば、年齢がわかる」と言われるほど、手はその人の日常を物語っています。

そして、**手の第一印象は「爪」で決まる**、と私は思っています。

爪が汚れていたり、長さや形がバラバラだったり、ささくれなどがあったりしたらどうでしょうか。どんなに若い人の手でも、きっときれいだとは感じないと思います。

マニキュアなどのカラーリングできれいにしている方も多いと思いますが、あなたは自分の爪に自信はありますか？

私のサロンや講座などにいらっしゃるお客様に話を聞いても、「人に手を見られるのが恥ずかしい」と、爪にコンプレックスを持っている方がたくさんいます。

でも育爪《いくづめ》を始めると、**自分の爪に自信が持てるようになり、きれいな爪を眺めているうちに、表情も明るくなるのです。**

爪の形は変わらないものだと思っていませんか？

爪のピンクの部分が短いのがイヤ、伸ばしてみたけど不格好……。

そんな**悩みを持つ方たちのほとんどが、「爪の形が悪いのは生まれつき」とあきらめています。**

でも、爪のカットの仕方を変えたり、オイルで保湿したり、爪を道具にしないような指使いをしたり……。普段のケアや生活の仕方をほんの少し変えるだけで、**爪の形がどんどん変わり、健康で美しい爪を手に入れることができるのです。**

事実、もともと爪のピンクの部分が短く、深爪《ふかづめ》だった私の爪も、爪を伸ばし、指使いを変えたことで、まるで別人ように美しい爪になりました。

手の爪が伸びる速度は、1日に約0・1ミリ。1枚入れ替わるには6カ月ほどかかりますが、育爪を続けると、**2週間ほどで、自分の爪が理想の形に近づいていることに、きっと驚くはずです。**

長い爪こそきれい！　と思っていませんか？

「爪は長くなければ、きれいに見えない」と思っている方がいます。サロンを訪れるお客様の中には看護師の方も多く、「職業柄、爪を伸ばせないので、長い爪の人のようにきれいにすることはできませんよね」とおっしゃる方もいます。

でも、それは誤解です。**爪はそんなに伸ばさなくても、カラーリングで飾らなくてもきれいな爪になります。**上手に育て、立体的な形になれば、素の爪のままで、人に見せたくなるほど美しい爪になっていきます。

逆に、長く伸ばしたとしても、白い部分ばかりが長いとしたら、爪はきれいには見えません。実は、**爪の長さを左右するのは、爪全体の長さではなく、ピンクの部分の長さ**だからです。

短くても長くても健康的できれいな爪。それを実現するのが、育爪なのです。

どんな爪でも、きれいにすることができます。

深爪の方、爪を噛《か》む癖のある方、爪を伸ばすとすぐに欠けてしまう方、ジェルネイルやスカルプチュアを繰り返しているうちに爪が薄くなってしまった方、爪のピンクの部分を長くしたい方……。

爪の悩みは、さまざまです。

そんな方々の話を聞いていると、悩みを解決するのはもちろん、**「自分の爪自体をきれいにしたい」という方が増えている**のを感じます。

つまり、人工的なものをいっさい使わずに、自然なままで爪を伸ばし、健康的できれいな爪にしたいというのです。

育爪で、適切なカットとオイルケアを行い、日常的な手の使い方などを意識すると、病気でない限りは、どんな爪の悩みも改善することができます。

育爪を身につけると、**一生きれいな爪でいることができるのです。**

目次

Chapter 1

健康で美しい爪とは

Chapter 2

育爪《いくづめ》を始めましょう

Chapter 3

もっときれいにするためのヒント

はじめに　「育爪《いくづめ》」って何ですか？

育爪とは、自分の爪を、**健康で美しく育てるネイルケア**のことです。

爪の「外側を飾る」のではなく、「内側から育てる」のがコンセプトです。

つまり、カラーリングや、ジェルネイル、スカルプチュア（どちらも、爪の上に被せる装飾品）などで飾ってきれいに見せたり、透明のコート剤で爪を保護したりせずに、自分の爪そのものを健康にするもの。そしてカットとオイルだけで美しさを保ち続けるという、シンプルで自然なお手入れ法です。

一般的に、ネイルサロンでは素の爪のことを、下地という意味から「地爪」と表記していますが、私のサロンでは、**自分の爪という意味で「自爪」としています。**

本来、爪は適切なケアを行えば、色を塗ったり、形を変えたりしなくても、自爪のままでも見とれてしまうほど美しいものです。しかも、**年齢や性別に関係なく、いつから始めてもきれいな爪を手に入れることができるのです。**

育爪を始めたら、爪を大切にする気持ちが芽生え、手の使い方が美しくなり、「所作がきれいですね」と褒《ほ》められるようになったという方は少なくありません。

育爪は**爪だけでなく、その人がかもし出す雰囲気さえも美しくする**のかもしれません。

病気をきっかけに誕生した育爪《いくづめ》

実をいうと、ネイルスクールに行く前の私は、爪にまったく興味がありませんでした。潔癖性だった私は、爪と指先の間にゴミが入るのがイヤで、いつも爪を、爪切りで短く切っていました。当時の私の爪は、ピンクの部分がとても短く、**爪の先端が、指の先端から5ミリ以上も下にある、典型的な深爪だったのです。**

そんな私がネイルスクールに通うことになり、生徒同士でカットの練習をするために爪を伸ばすことになりました。とにかく爪にゴミが入らないよう、なるべく爪で物を触らないように注意しながら、毎日を過ごしました。

すると、それから3ヵ月後、思いもよらない変化に驚きました。なんと、**爪を伸ばしたことで、ピンクの部分が以前よりも長くなり、立体的で美しい爪になっていた**のです。

そして、ピンクの部分が指先まで伸びたことで、爪と指の先端がしっかり密着してゴミの入るすきまがなくなり、**伸ばしたほうが、逆に衛生的**であることに気づきました。

爪のお手入れについてもっと深く知りたくなった私は、別のネイルスクールにも通って、気がつけば、すっかり爪に夢中になっていました。

その後、ネイルサロンに就職し、付け爪をするお客様たちの話を聞くうちに、「ピンクの部分が短い」「爪の形が悪い」という悩みを抱えている方が多いことを知りました。

私は自分の体験から**「誰でも爪の形を変えることができる」**という思いがあったので、付け爪をしないネイルサロンを開業しました。それは、爪のお手入れとカラーリングだけの店でした。ところが10年ほどたった頃、**私は突然、化学物質過敏症を発症し、カラーリングすることができなくなってしまった**のです。

そこでいろいろ悩んだ結果、「カラーリングをやめて、お手入れだけを続けてみよう」と、サロンを継続することにしました。

カラーリングをやめて3年ほどたった頃、驚くような変化がありました。お客様が悩んでいた縦すじ、色素沈着、くすみ、乾燥、二枚爪……といった爪のトラブルが徐々に解消し、美しい爪に生まれ変わっていたのです。そこで初めて、このお手入れ法をたくさんの人に知らせたいと思い、スタッフと名前を考えました。

スタッフの一人が、「育てる爪で、育爪はどうですか?」と言ってくれたことから、そ の**お手入れ法を「育爪《いくづめ》」と名付けました。**

そして、その数年後に「育爪」「爪育」を商標登録しました。こうして、病気がきっかけで育爪は誕生したのです。

✝育爪《いくづめ》で、自分の爪が好きになる

育爪をしていくと、ピンクの部分が短い人でも長くなります。さらに、爪は緩やかなアーチを描いた立体的な形になり、表面は自然なつやで輝き、潤いに満ちた指先を手に入れることができます。

病気が原因でなければ、どんな爪でもきれいにすることができるのです。

ただし、本格的に爪が変わったと感じるまでに、早い人で3ヵ月、遅い人で1年ほどの時間が必要です。その理由は、手の爪1枚が完全に入れ替わるには、6ヵ月ほどの時間がかかるからです。

でも、大丈夫です。まず試しに、日頃、食用に使っているオイルを1滴、1本の爪にたらして塗り、他の爪と比べてみてください。あまりの変化に思わず声が出るほどびっくりされることでしょう。**ただオイルを塗るだけでも、爪は違ってくるのです。**

そして、手をかければかけるほど、爪はどんどんきれいになっていきます。そんな爪を見ているうちに、**自然と自分の爪を愛おしく思うようになり、お手入れするのが楽しくなっているはずです。**

この本では、私がサロンでお客様にお手入れしたり、講座で教えているお手入れ法を、自分一人でできるようにお伝えしていきます。

最初は、「ファイル（爪専用の紙ヤスリ）で爪を削るのは難しそう……」と感じるかもしれません。一度試してみたら、楽しくなってしまうことと思います。

爪にコンプレックスを持っている方ほど、**爪の変化に驚き、自分の爪が大好きになるはずです。**爪を育てることで、自分をもっと好きになるきっかけになれば、うれしく思います。

Chapter 1

健康で美しい爪とは

爪に関する基礎知識

爪はこんなふうにできています

爪の、おもな役割は、指先を保護することと、指の腹に加わった力を支えることです。もし爪がなければ指先に力が入らず、物をつかむことができません。

爪は、爪のつけ根にある爪母《そうぼ》（17ページイラスト）で作られ、健康な成人の場合、1日に約0・1ミリ、1ヵ月に約3ミリ伸びます。そのため、**手の爪が1枚完全に入れ替わるには、約6ヵ月かかります。**

一般的に、加齢によって爪が伸びるスピードは遅くなります。また、冬よりも夏のほうが速く、よく使う指のほうが速く伸びる傾向にあります。

サロンでお客様とお話ししていると、「私、歯が弱いから爪も弱いんです」とおっしゃる方がいます。

爪と歯は同じ仲間だと思われがちですが、カルシウムが豊富な歯や骨とは違い、爪は皮膚の角質層が硬く変化したものです。

爪は硬ケラチンという**線維状のタンパク質でできていて、上層、中層、下層の3層に重な**

爪の主な名称

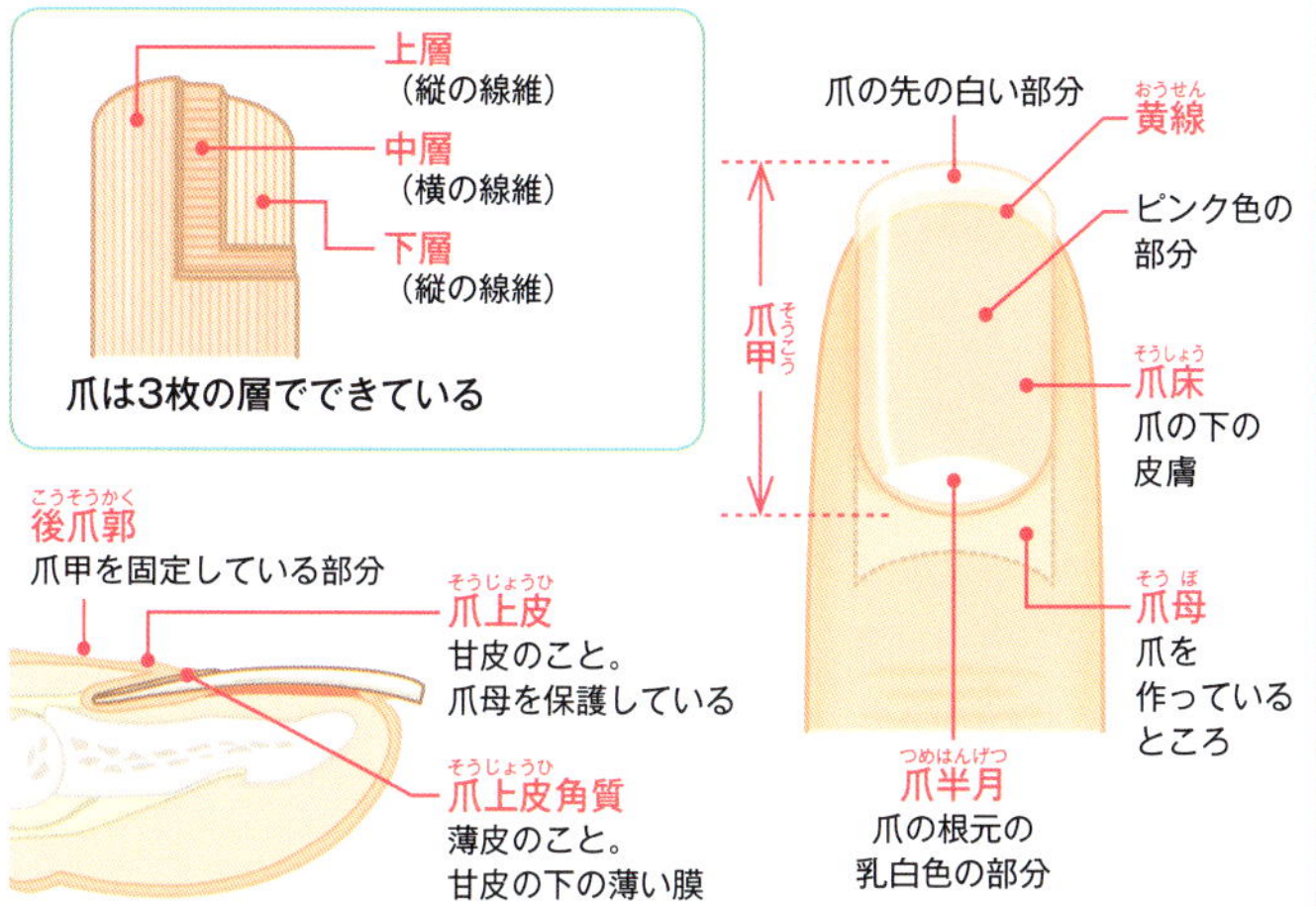

っています。上層と下層は縦に、中層は横に線維が走っています。

爪は、その線維と線維の間にある無数のすきまに、水分や油分を含んでいます。

また爪は、すぐ下にある爪床《そうしょう》という皮膚から水分を補給しており、**表面からは常に皮膚の2～3倍もの水分が蒸発しています。**

爪のピンク色の部分は、爪床の色が透けていることから、ピンク色に見えています。

また爪半月《つめはんげつ》は、ピンク色の部分よりも水分が多いため乳白色をしています。

爪の先の白い部分は、水分を爪床から補給できないため、白く不透明になっているのです。

「健康で美しい爪」の8つの特徴

1 爪のピンク色の部分が長く、立体的なカマボコ形をしている
2 爪がきれいなピンク色をしている
3 本来の厚みがある
4 爪にツヤがある
5 縦すじや横みぞがない
6 二枚爪になっていない
7 ささくれがない
8 薄皮が荒れていない

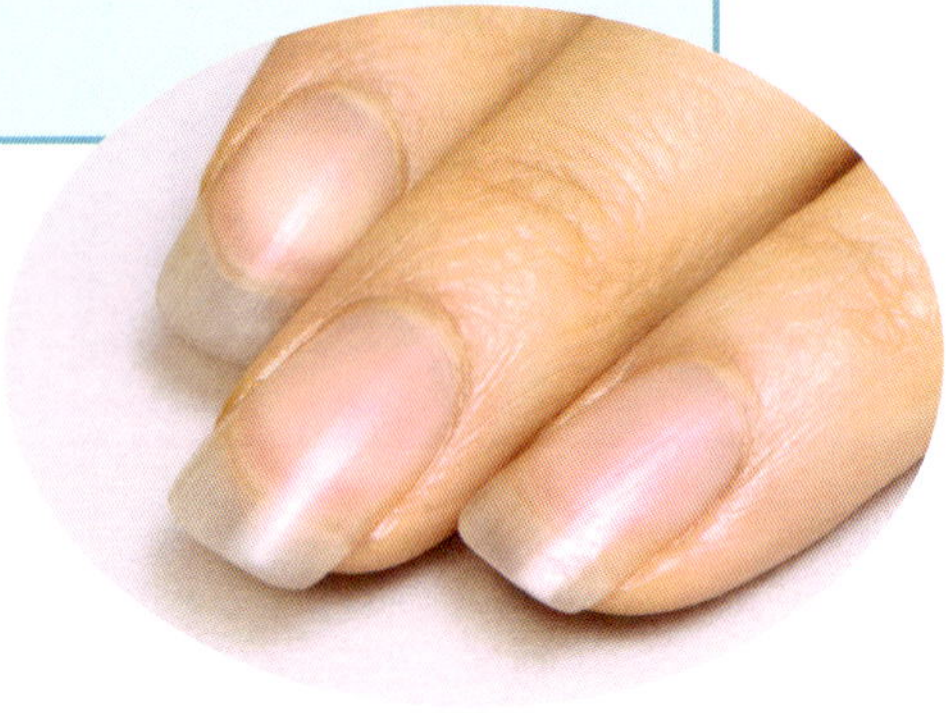

右にあげた8つの特徴を満たした爪が、育爪《いくづめ》的に考える「健康で美しい爪」です。

この他にも基準はあると思いますが、この8つを満たしていれば、ほとんどの人が健康で美しい爪だと感じるのではないでしょうか。

8つの中でも一番重要で、なおかつ最終目標となるのが、1の「爪のピンク色の部分が長く、立体的なカマボコ形をしている」です。なぜなら、ピンクの部分の長さと形で、指先の第一印象が決まるからです。実は、これが一番難しく、一番時間もかかります。

2、3は身体の健康状態、4〜6番は爪の表面の状態、7、8は爪周りの皮膚の状態が反映されます。これらの中には、本書でご紹介することを、ほんの少し実践するだけで、すぐに改善できるものもあります。

2〜8が少しずつ改善されていくにしたがって、多くの人が健康的で美しいと感じる「爪のピンク色の部分が長く、立体的なカマボコ形をしている」状態に近づいていきます。

育爪に抜け道や近道はありませんが、実践したことがどんなに小さくても、どんなに少なくても、**その事実はいつか必ず実を結びます。**

今までとほんの少しだけ違うことを、今日から生活に取り入れていくことで、理想の爪に近づいていくのです。

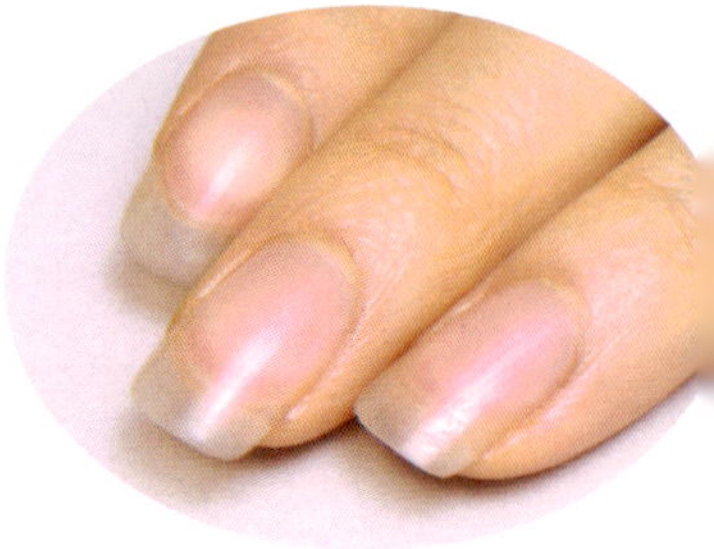

1 爪のピンク色の部分が長く、立体的なカマボコ形をしている

爪は、ピンクの部分が長いほうが、短い場合よりも美しく見えます。

爪には、白い部分とピンクの部分に境目（黄線《おうせん》・21ページ）がありますが、育爪《いくづめ》を実践すると黄線が爪先側へ移動して、短かったピンクの部分が長くなり、**カマボコ形のような立体的な爪になります。**

そもそも、爪には指先を保護する役割があり、指の先端より爪が短いと、指先を保護することができません。その状態を「深爪」といいます。

深爪の原因は、おもに爪の切りすぎと指の使い方にあります。

かつて私が深爪だったころ、爪の白い部分を、いつも爪切りで切っていました。ところが、いくら爪を切っても、翌日にはまた白い部分ができていたのです。それを見て「私って、なんて爪が伸びるのが早いんだろう」と思っていました。

ところが、この白い部分は、爪が伸びてできたわけではなかったのです。なぜなら爪は、1日に0・1ミリしか伸びないからです。白い部分は爪が伸びたのではなく、ピンクの部分の先が、指からはがれて白くなったものでした。白い部分を切り続けることで、ピンク

■黄線《おうせん》とストレスポイント

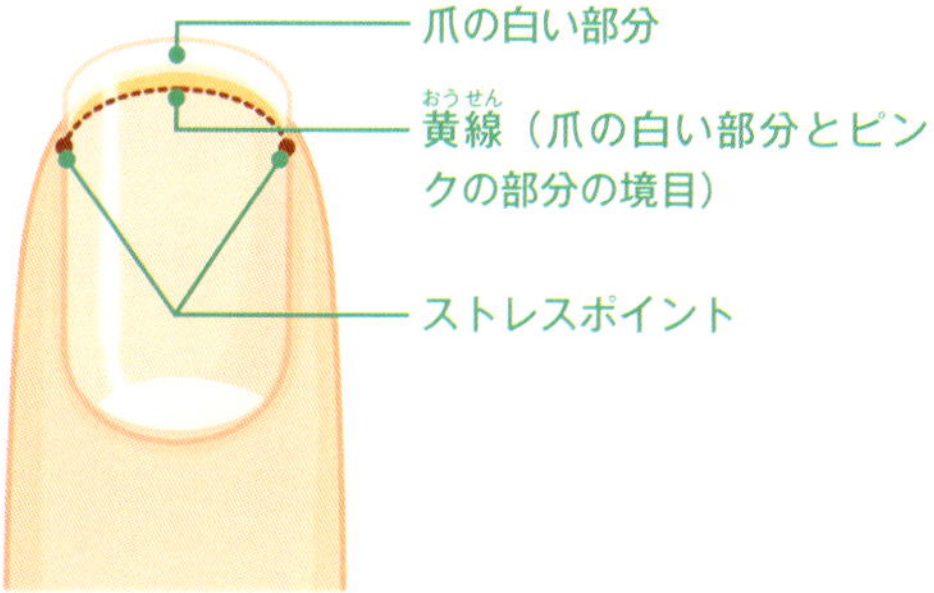

■ピンクの部分が短い爪

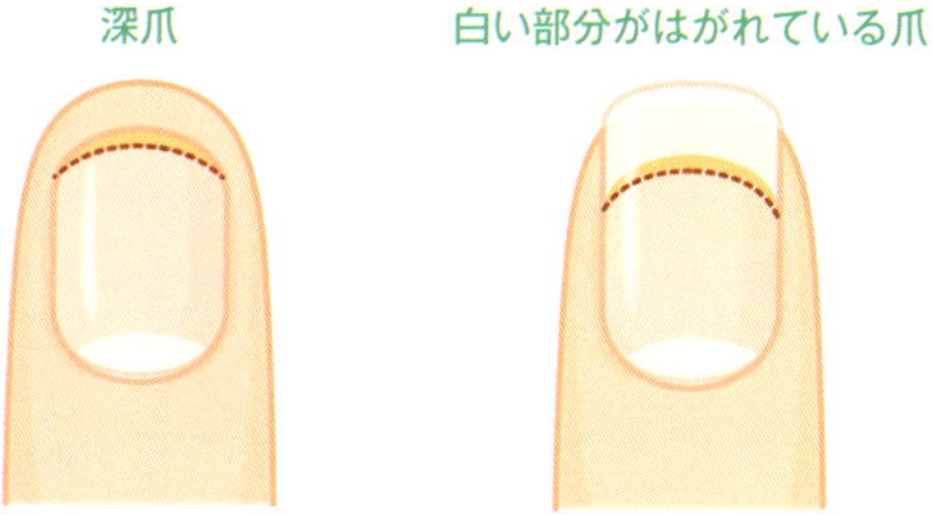

■角を切りすぎた爪

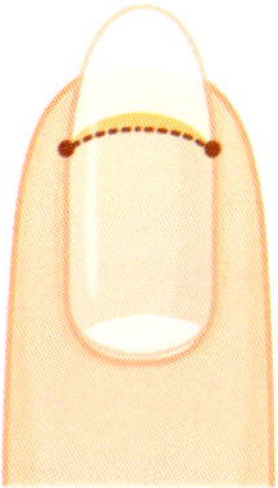

の部分がどんどん小さくなっていたのです。

私がお店を開業する前、ネイルサロンで働いていたときに、「私は生まれつきピンクの部分が短いから、スカルプチュアをして、長く見せているの」とおっしゃる、たくさんのお客様に出会いました。そう聞くたびに、「スカルプチュアをしなくても、ピンクの部分は長くなりますよ」と言いそうになるのを飲み込みました。そのお店の営業妨害になると思ったからです。

私自身がネイルスクールに通った3ヵ月の間にピンクの部分が長くなったのですから、**爪の形が生まれつきでないことは明らかでした。**爪を指の先まで伸ばし、爪に物を当てない指使いをすれば、誰でも必ずピンクの部分は長くなると確信していました。

お客様に、爪を伸ばしたことがあるかどうか聞いてみると、「爪を伸ばすと、爪の先が平らになって広がり、扇形になるからイヤ」という方が数多くいらっしゃいました。

実は爪が扇形になるのは、爪先が指先の左右の側面に密着していないことが原因です。

爪で何か作業をしたり、爪切りで爪を切ると、痛みもなく、**気づかないうちに爪先が指の左右の側面から徐々にはがれてしまうのです。**そうやって、白い部分が大きくなると、その分、ピンクの部分は小さくなります。

この、爪先が指の左右の側面からはがれる場所のことを、ストレスポイントといいます。

黄線の左右の両端です（21ページイラスト）。

爪に物が当たって、このストレスポイントから爪が裂け、爪のささくれができた場合や、爪の角を切りすぎている場合も、扇形になってしまいます。

爪をカマボコ形のような立体的な形にするには、ただ爪を伸ばすだけでは不十分で、**指先の左右の側面が爪に密着している必要があるのです**。指の側面と爪が密着すれば、爪は指先の丸みに沿って立体的な形になります。

そのためには、白い部分と、爪先の形が重要です。爪は、白い部分をすべて切り取ってしまうと、ピンクの部分が自然とはがれ、その分、白い部分が大きくなります。そのため、白い部分は2～5ミリほど残しておく必要があります。

爪先の形も丸くせず、四角に近い形にする必要があります。四角に近い形にしないと、指先の左右両端が爪と密着できないからです。白い部分の長さと爪先の形に気をつけ、爪に物を当てず、爪切りでなくファイル（爪専用の紙ヤスリ）でカットすれば、**ピンク色の部分が長くカマボコ形の立体的な爪に近づきます。**

ただし、「爪甲剥離《はくり》症」といって、感染症や皮膚炎などが原因で爪が指からはがれてしまうことがありますので、その場合は皮膚科を受診することをおすすめしています。

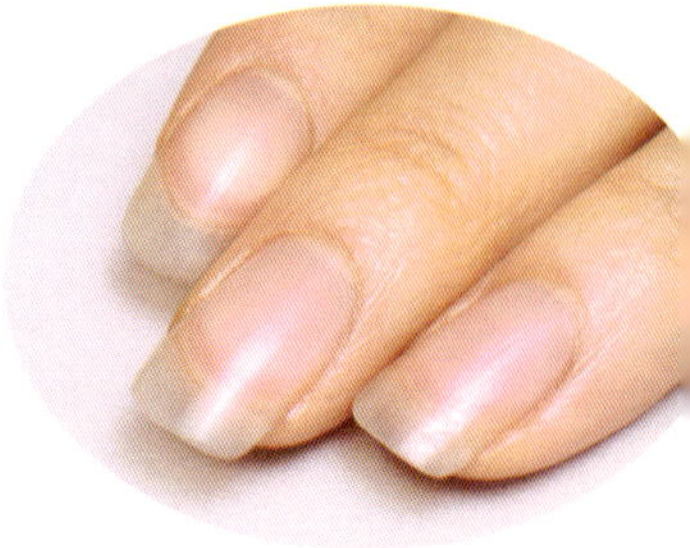

2 爪がきれいなピンク色をしている
3 本来の厚みがある

ピンク色の爪は美しく、健康の目安にもなります。

爪がピンク色をしているのは、爪床《そうしょう》（爪の下の皮膚）の血管の色が透けて見えているからです。それは、血行の善し悪《あ》しを知ることにもつながります。つまり、**爪がきれいなピンク色をしているのは血行が良い証拠なのです。**

爪が白っぽいとき、オイルを塗って爪を揉《も》むと血行が良くなり、きれいなピンク色になるという方が大勢いらっしゃいます。

しかし、それを継続しても爪が白いままの場合は、医師に診察してもらい、貧血を調べてもらうことをおすすめします。

また、**健康で美しい爪には本来の厚みがあることも重要です。**

以前、爪がすぐに欠けてしまうというお客様がサロンにいらっしゃいました。

あまりにもテカテカに光っていたので、事情を聴いてみると、爪の表面を磨くとピンク色が濃くなってきれいなので、ずっと磨いているとのことでした。

爪の表面を磨けば磨くほど、爪が薄くなって透明度が増すため、爪床のピンク色が濃く見えるようになっていたのです。

また、**最近多いのは、ジェルネイルを繰り返しているうちに爪が薄くなって、欠けやすくなってしまった、という悩みです。**

ジェルネイルをつける時、接着力を高めるために爪の表面を削る場合が多く、はずす時には、爪の表面で固まっているアクリル樹脂を有機溶剤で溶かす必要があります。

爪が本来の厚みより薄くなっているうえに、有機溶剤にさらされて爪質ももろくなってしまうので、欠けやすくなってしまうのです。

あまりにも爪が薄い場合は、お風呂に入る時や食器を洗うときに、お湯が指先に触れただけで痛みを感じるようになります。

でも、ご安心ください。手の爪は6ヵ月あれば本来の厚みに生え変わります。

その間、オイルで保湿をしながら爪を伸ばして、伸びた分だけ、爪先の薄い部分をファイルで削り、また伸びたら、爪先の薄い部分を削る、ということを繰り返せば、本来の厚みに戻ります。

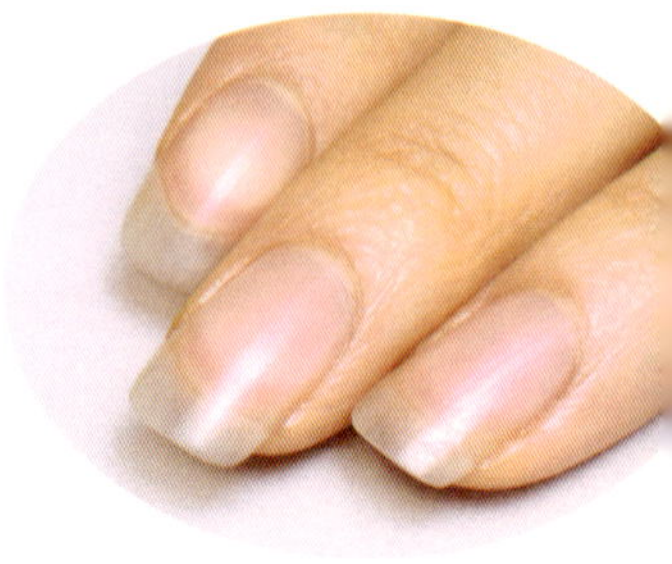

4 爪にツヤがある
5 縦すじや横みぞがない
6 二枚爪になっていない

育爪《いくづめ》では、爪をつややかに輝かせるために、表面を削って爪を磨く事を、あまりお勧めしていません。爪表面を削って全面を磨くと、爪が生え変わるまでの6カ月は常に爪には薄い部分があり、割れやすい状態が続いてしまうからです。そのため**育爪では、爪のツヤを出すために、オイルを塗って爪を輝かせます。**

また、**爪に、ツヤのない印象を与えているのが縦すじです。**縦すじは、皮膚にたとえるとシワにあたりますが、主に乾燥が原因です。

爪のツヤを出すにはカラーリングやジェルネイルなどをするしかないと思っている方がいらっしゃいますが、**爪にオイルを塗るだけで、その瞬間から、縦すじは目立たなくなり、オイルで潤っている限りは、その効果が続きます。**そして、それを継続すると、新しく生えてくる爪の縦すじは減ってきます。

横みぞは、爪の根元にある皮膚（後爪郭《こうそうかく》）の炎症や衝撃が主な原因です。

体調不良やストレスなどで起こることもあり、その場合は、複数の爪に横みぞやへこみ

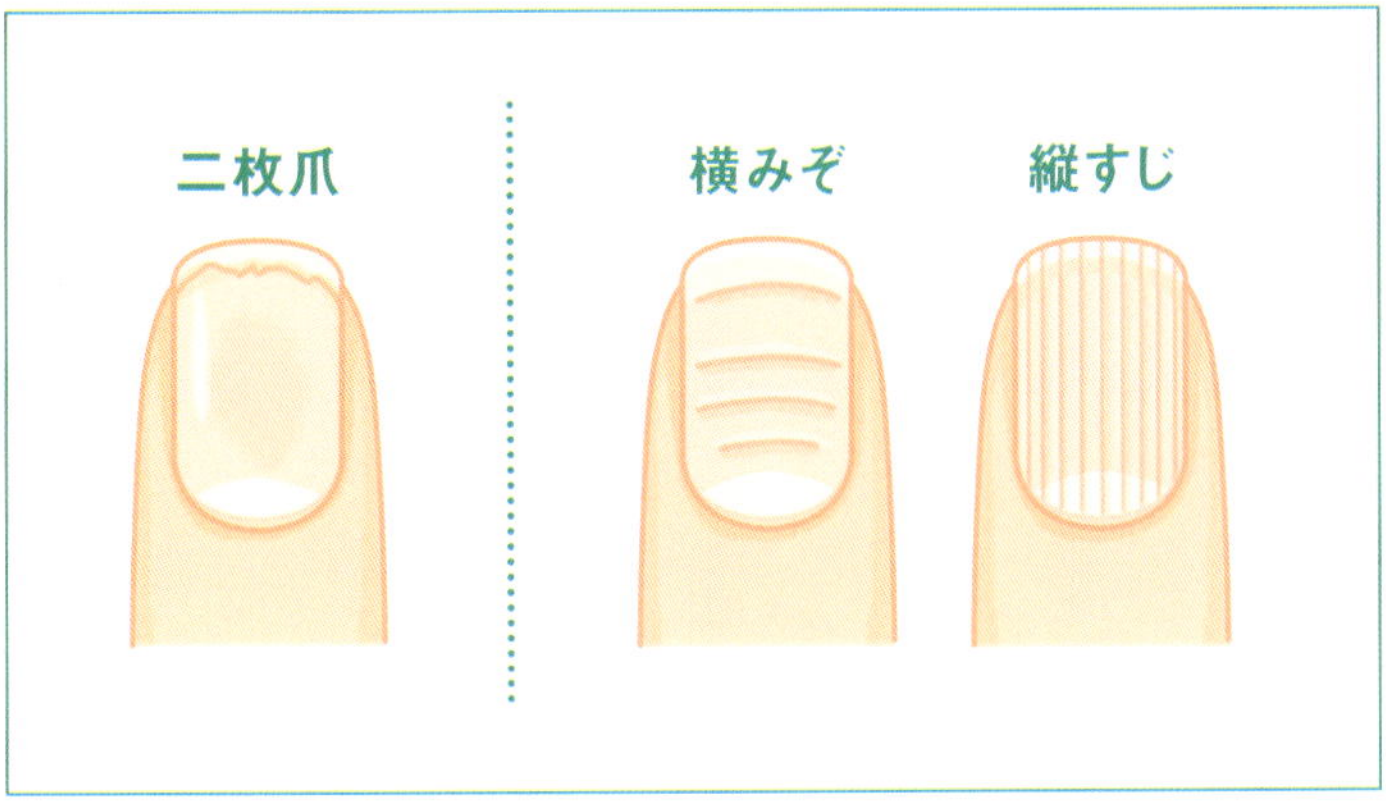

が現れます。

二枚爪の原因で多いのは、爪切りで爪を切る、乾燥、貧血です。

爪切りで切ったときの衝撃で、三層になっている爪がはがれてバラバラになり、二枚爪になりやすくなります。

また爪は、その下にある皮膚（爪床《そうしょう》）から水分を補給しています。

カラーリングなどで爪を覆っていると、本来ならば、水分や油分が入る無数の隙間《すきま》がふさがれ、乾燥して二枚爪になることもあります。

ネイルカラーを落とすときに使う除光液などの有機溶剤には脱脂効果があるので、**爪の油分が失われて、さらに乾燥します。**

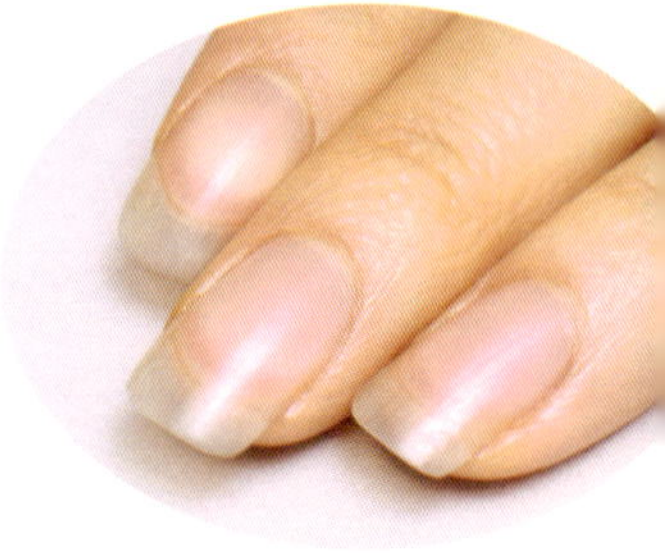

7 ささくれがない
8 薄皮が荒れていない

ささくれには2種類あります。皮膚のささくれと爪のささくれです。**皮膚のささくれの原因は乾燥や摩擦によって、爪周りの皮膚がむけることです。**

例えば衣類をたたむ・しまう、掃除で雑巾《ぞうきん》を絞る、新聞や雑誌を縛る、といった作業で皮膚の水分・油分が布や紙に取られ、布や紙と摩擦した皮膚が裂けて、ささくれになります。炊事のときのお湯や洗剤でも、手から油分が奪われて乾燥します。**皮膚のささくれを防ぐ方法は、爪周りにオイルを塗ることと、手袋を使用することです。**

爪のささくれは、ストレスポイントから爪が裂けてできたものです。ささくれの根元が皮膚と繋がっているため、ほとんどの方が皮膚が裂けたものだと思っていますが、**原因は、衝撃と乾燥と摩擦です。**爪先や爪の側面に何かが当たると、ストレスポイント周辺の爪が曲がります。爪の白い部分が長く、衝撃が強いほど曲がる角度が大きくなり、ストレスポイントへのしわ寄せが大きくなります。**予防には爪を保湿することが大切。**爪の側面と指の間の溝へオイルを流し込み、爪をしなやかに保ちましょう。

薄皮と甘皮は混同されやすいのですが、**薄皮は爪と甘皮の間にある薄い膜で、爪の表面にはりついています（17ページイラスト）。**

薄皮は、乾燥すると白くなり、爪の表面にはりついて荒れたように見えます。

前に伸びようとする爪と、その場に留まろうとする甘皮の両方に、常に引っ張られているので、薄皮が乾燥すると皮膚が裂けて、ささくれができやすくなります。これはオイルで予防できます。

また爪の根元の左右両端が薄皮で隠れてしまうほど薄皮が多くなると、爪がしじみのように小さく見えたり、薄皮に押さえつけられた爪が平らな形になったりしてしまいます。どちらも、**薄皮を爪表面からはがすことで予防できます。**

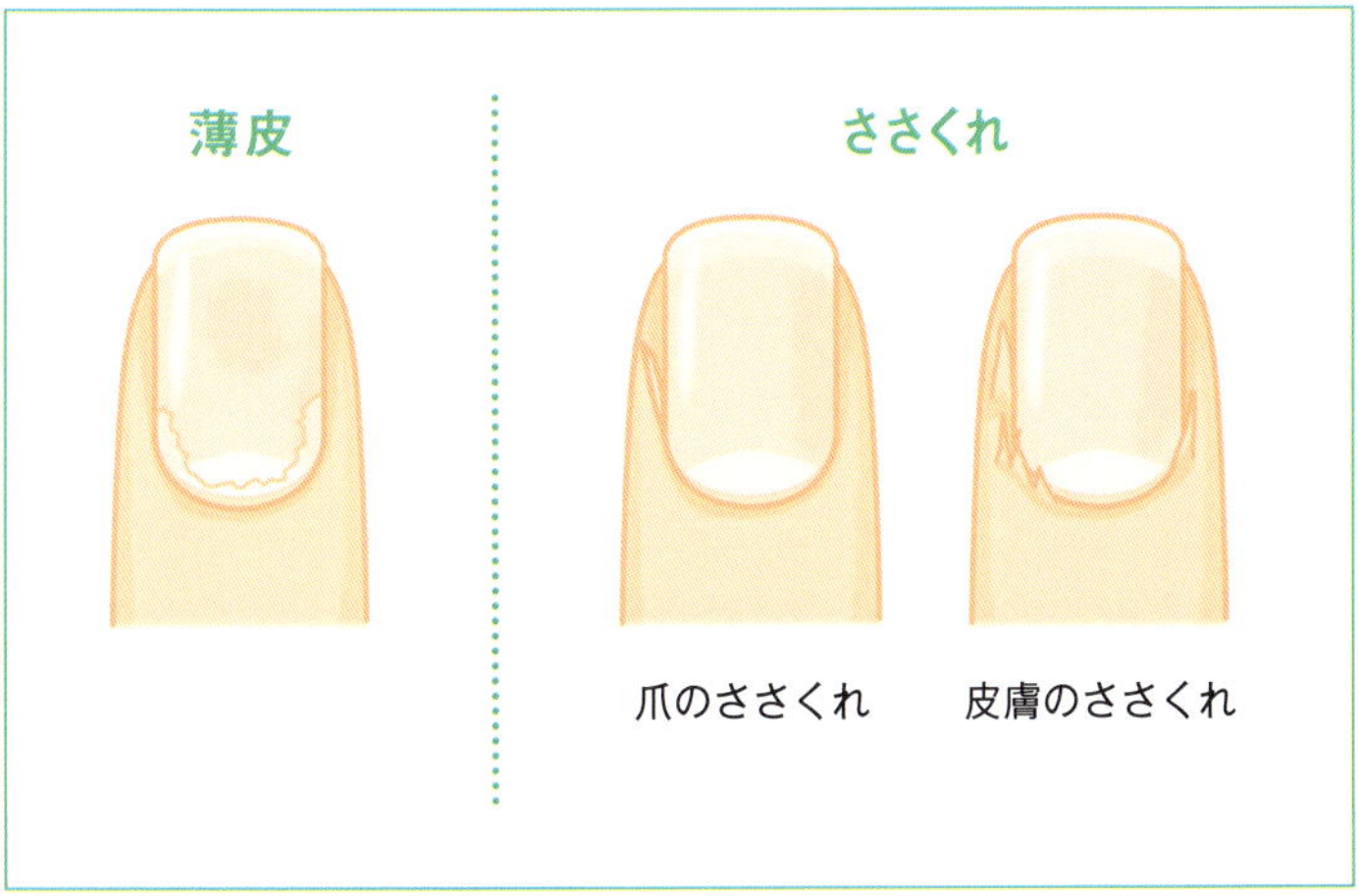

自分の爪をチェックしましょう！

健康で美しい爪の8つの特徴は、おわかりいただけましたか。では、1本ずつ自分の爪をチェックしてみましょう。

爪の先端は指先より長いでしょうか？

切りすぎて深爪になっていませんか。

爪が指先より長くても、ピンクの部分が小さかったり、平べったい形になっていると、きれいには見えません。目指したいのは、カマボコのような立体的な形の爪です。

爪の厚みはどうでしょうか？

「自分の爪は薄いから、すぐに欠けてしまう」とおっしゃる方の爪を見ると、問題がない場合がほとんどです。

ジェルをしていたり、表面を磨いてツルツルにしていると、本来の厚みより薄くなっていることがあります。

その場合でも、新しく生えてくる爪は、病気でない限り本来の厚みがあるので、心配する必要はありません。自然に伸びてくるのを待ちましょう。

縦すじや横みぞはどうでしょう？

実は私の爪にも縦すじはあります。完全になくすことはできなくても、オイルをこまめに塗れば目立たなくなります。オイルを塗ることで、二枚爪や、ささくれもなくなり、自然なツヤも出てきます。

健康できれいな爪にしていく方法を、次の章で詳しくご紹介していきます。実践すると、どんどん変化していく自分の爪に、きっと驚かれると思います。チェックの結果にがっかりしているあなたこそ、その効果を誰よりも早く実感すると思います。

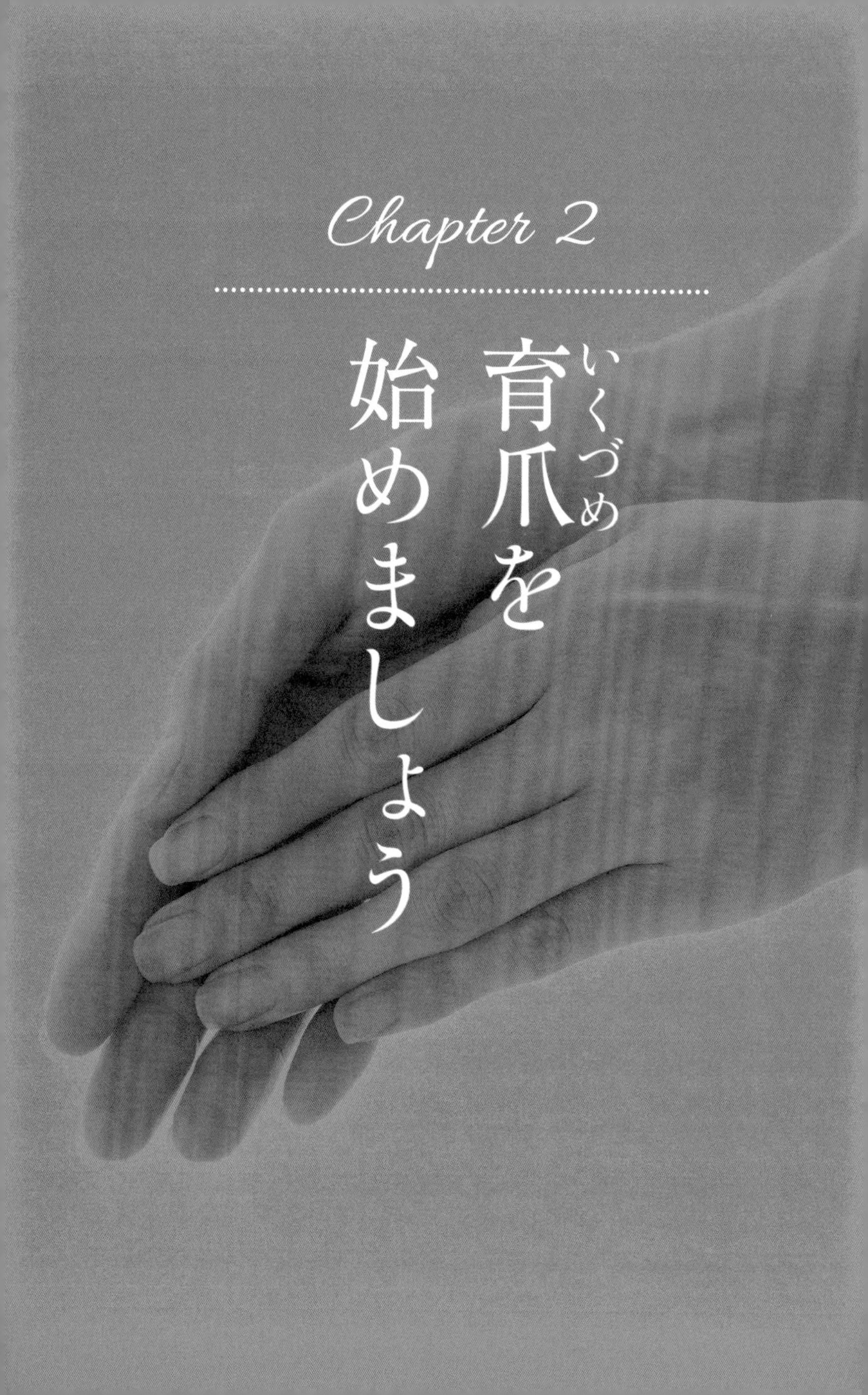

Chapter 2

育爪《いくづめ》を始めましょう

健康で美しい爪を育てる5つの方法――「育爪《いくづめ》」

ここからは、前章の「健康で美しい8つの特徴」を備えた爪を育てるための方法を、詳しく解説していきます。育爪で実践することは大きく分けて5つです。

1 育爪《いくづめ》カットをする→爪を整える

育爪カットの目的は、短い爪でも長い爪でも美しく見える形にすることと、爪のピンクの部分が伸びやすく、カマボコ形の立体的な爪が育ちやすい状態にすることです。

カットはファイル（爪専用の紙ヤスリ）を使って行います。カットといっても実際には爪を少しずつ削ります。爪切りと違って、爪にかかる衝撃がとても小さいので、思わぬ場所にヒビが入ってしまったり、切りすぎて痛くなったり、ということも少なくありません。

爪切りからファイルに変えるだけで、爪が指からはがれたり、爪の層がはがれて二枚爪になったり、爪先がギザギザになることも減るので、とても快適です。一度、試しに使ってみると、カットするのが楽しくなると思います。

2 爪にオイルを塗る→爪を保湿して保護する

育爪では、オイルが必須アイテムです。オイルケアの目的は、爪トラブルのほとんどの原因となる乾燥から爪を守ること。そして一瞬で爪と指先をきれいに見せることです。オイルを塗るというよりは、落とす・流す・すり込む、という感じです。すぐにツヤツヤになって、きれいに見えるので、塗るたびにテンションが上がると思います。

3 爪を道具にしない → 爪のはがれを防止する

普段私たちは、無意識のうちに、生活の中で爪を道具のように使っています。シールで爪をはがしたり、爪で何かをつかんだりすることはありませんか？ 指の使い方に気をつけることで、爪が指からはがれてピンクの部分が短くなるのを防ぎます。爪を道具にしない指の使い方は、慣れてくると意識しなくても自然にできるようになります。

4 自分に合った食事と睡眠をとる → 爪に栄養を与える

お肌と同じように、爪にも栄養と休養が必要です。心と身体の声を聴くことを続けると、今の自分に何がどれだけ必要なのか、分かるようになってきます。

5 爪をもむ → 爪でストレス解消

ストレスは、自覚がないものもあります。
簡単な爪もみでリラックスすることができます。

1 育爪《いくづめ》カットをする→爪を整える

●育爪カットに必要な道具について

多くの方が使用している爪切りは、使用するときに爪に大きな衝撃を与えます。爪が一瞬、平らになるため、指から爪がはがれてしまいます。そのため、**育爪では爪にやさしいファイル（爪専用の紙ヤスリ）を使ってカットします。**

ファイルには、粗さを示すグリットという数字があります。小さい数字ほど目が粗く、一度にたくさん削れますが爪の断面が荒くなります。大きい数字ほど目が細かく、一度に削れる量が少ないことから断面がなめらかになります。

使用した後は、ファイルに液体石けんなどをつけて、歯ブラシのような小さなブラシでこすり、水洗いしてしっかり乾燥して下さい。

今回付録に付けたファイルは、サロンで使っているオリジナルで、間にクッションが入っているので初心者でも使いやすく、携帯にも便利です。通販や雑貨店で一般的に入手しやすいのは、180ミリの長さのものが多いので、カットの仕方は、180ミリのもので解説していますが、爪への当て方などは付録のファイルもまったく同じです。

付録のネイルファイルについて

付録のファイルは、洗って繰り返し使えるウォッシャブルタイプです。
洗った後にしっかり乾かせば、衛生的で長持ちします。
携帯にも便利な89ミリのミニサイズ。バッグに入れて持ち歩けば、
爪が欠けてしまったときでも、その場ですぐにお手入れできます。
小さいので扱いが楽で、爪切りを使っている方でも
簡単に育爪を始められます。

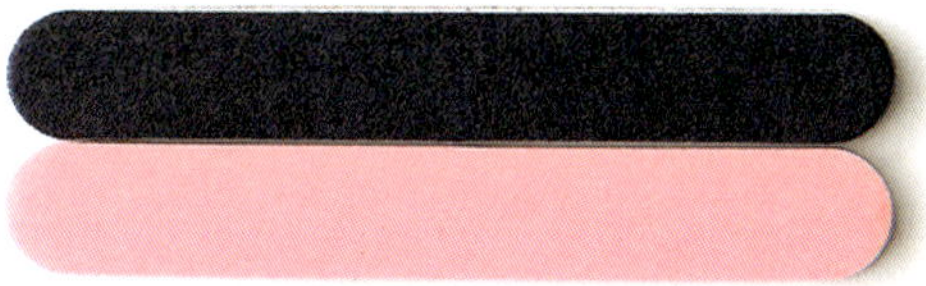

黒いファイルは両面ともに180グリットです。爪の長さを整えるだけでなく、カーブやサイドのカット、角を整えるときにも使用し、育爪カットのベースを作るときに使うファイルです。

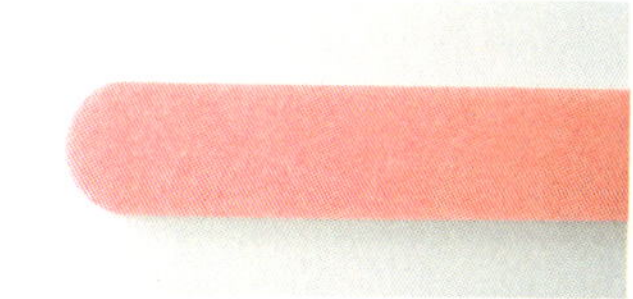

濃いピンク色の面が280グリットになります。カット後に、爪の断面をなめらかにするときに使用します。爪の長さを１ミリ程度しかカットしない場合は、このファイルでカットしても構いません。

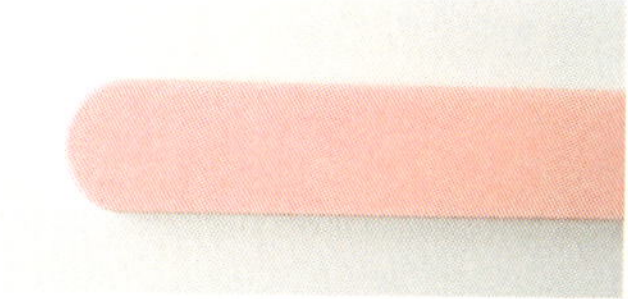

薄いピンク色の面が320グリットになります。爪の断面をなめらかにするときに使用します。カット後に、280グリットか320グリットのどちらか好みに合ったファイルで爪の断面を整えましょう。

育爪カットと仕上げ

ここではまず、育爪カットについて、おおまかな流れを説明していきます。そして、それぞれの指へのファイルの当て方は、49ページから詳しく解説します。

育爪カットは、左ページの4つの工程があります。

まずは、①**長さを整えます。**爪の先の白い部分を2ミリ程度残してカットするのが基本となります。

育爪では、爪に対してファイルを90度に当ててカットします。この角度でカットすると、爪の先が薄くなりません。

「ピンクの部分が短い爪」と「角がない爪」の方は、45ページで紹介する方法で行ってください。

次に、②**爪にカーブを作り、**その後に③**サイドをカットします。**この2つを行うことで、爪のピンクの部分が短くても、立体的で美しい爪に見せることができます。

カットの最後は、④**角を、丸みを帯びた形に整えます。**洋服などに引っかけて爪が裂けたりしないように、カットでできたとがった角を、丸みを帯びた形に整えます。スマートフォンの角のようなイメージです。

①長さを整える（39ページ）

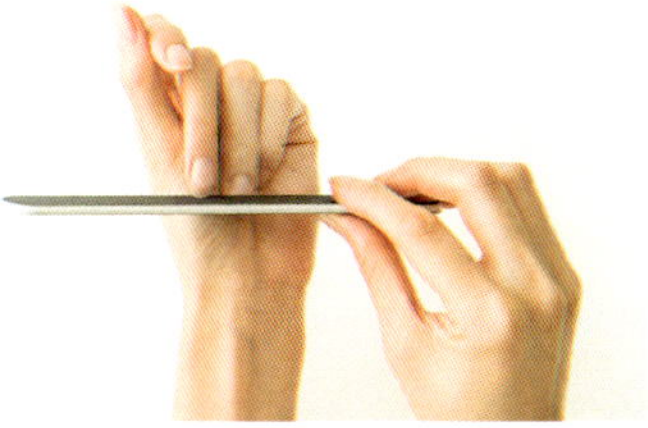

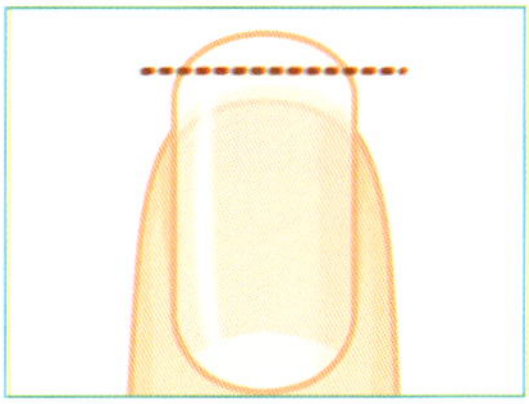

②カーブを作る（40ページ）

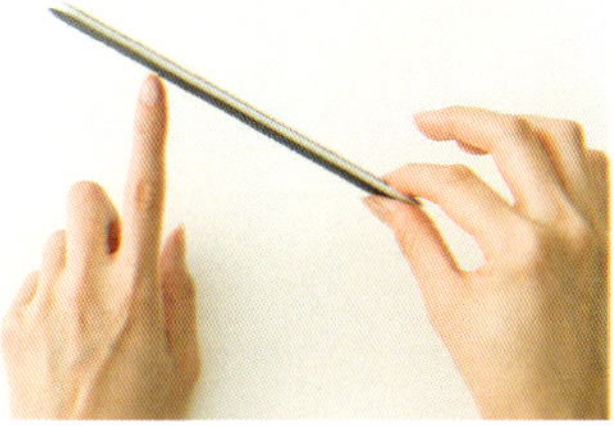

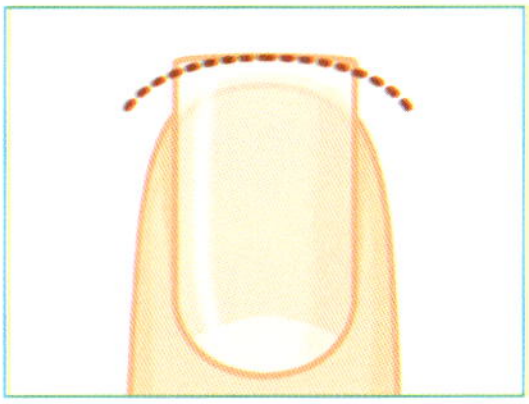

③サイドをカットする（42ページ）

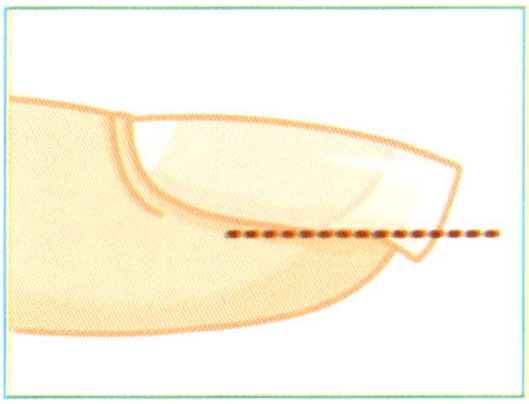

④角を整える（44ページ）

⑤バリと薄皮をふきとる

すべてのカットを終えた後、指先を、ぬるま湯に1～2分間つけ、浮き上がったバリや薄皮をコットンで処理する（46ページ）。

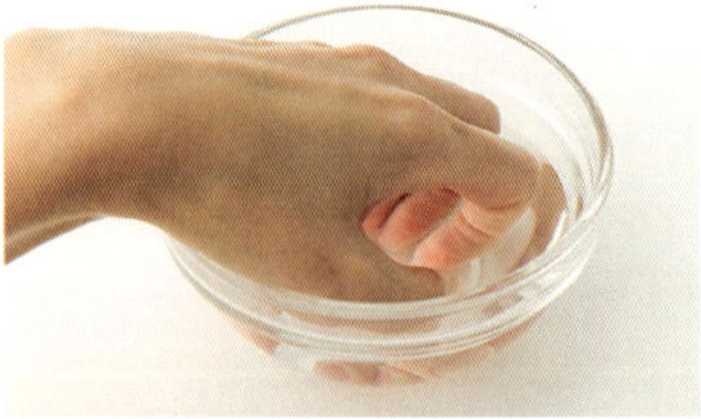

⑥爪の断面を整える

取りきれなかったバリを、目の細かいファイルで処理する。また、ファイルと指の腹を使って爪をなめらかにする（47ページ）。

仕上げは、２つの工程があります。

まず、**⑤バリと薄皮をふきとります。**

バリとは、爪をカットした後に、爪先に残る線維状のものです。爪をぬるま湯につけてバリを浮き上がらせ、ふきとることで二枚爪を予防します。

また、同時に薄皮をふきとることで、薄皮と甘皮がつながって、ささくれの原因になるのを防ぎます。

最後に、２８０か３２０グリットのピンクのファイルを使い、**⑥爪の断面をなめらかに整えて終了です。**

育爪では、カットの形も大切ですが、その後の仕上げがとても重要です。

育爪カットは、**２週間に一度行うのが目安です。**

①長さを整える

まずは、爪の白い部分を何ミリ残すか決めます。

カットの仕方は、カットする指が左右に揺れないように、ファイルを爪に密着させてゆっくり動かします。ファイルは一方方向に動かすのがポイントです。

また、カットする指が左右に動かないように、その他の指でしっかりと固定することも大切です。

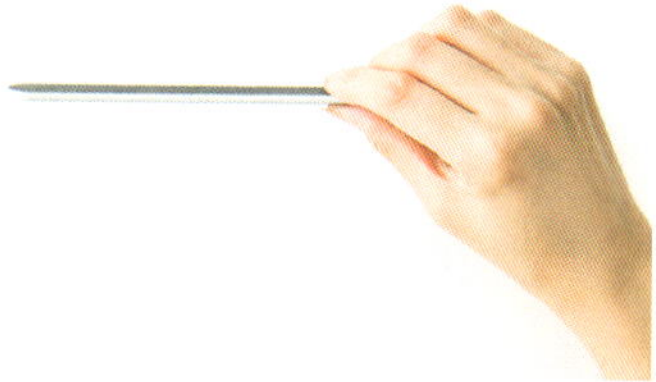

ファイルの持ち方
ファイルの３分の１～４分の１の部分を、小指以外の指で強く握る。

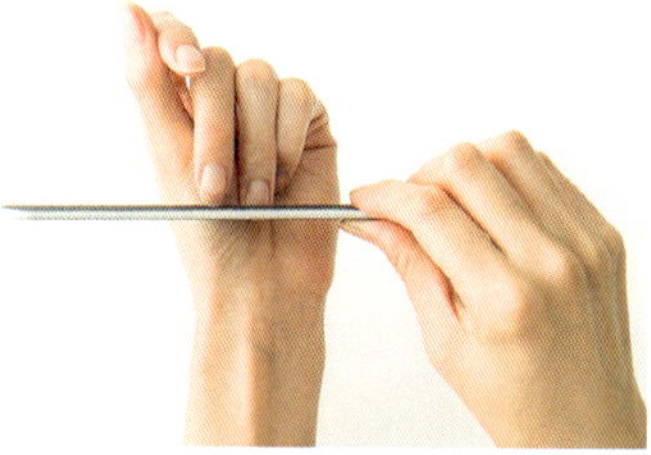

ファイルの当て方
ファイルを爪に対して90度に当てる。そのときカットする爪の指が動かないよう、他の指で固定する。

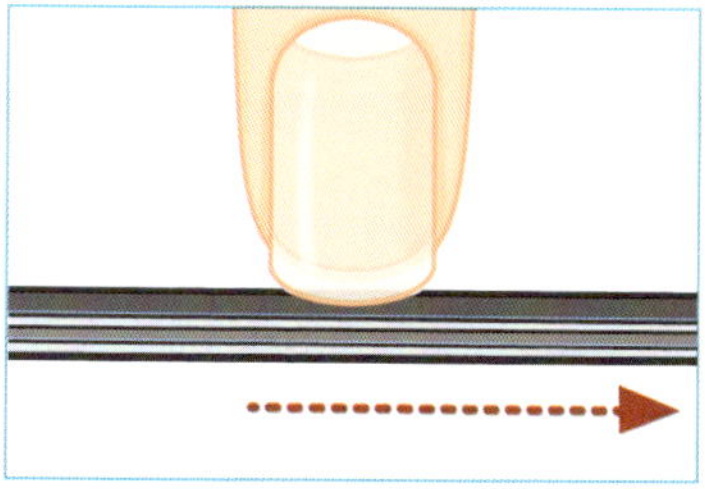

ファイルの動かし方
一定の早さ、力加減で、一方方向にファイルを引く。往復引きはしないこと。

残す長さを決める

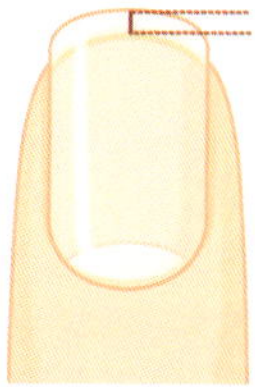

黄線から、上に２～５ミリにしましょう。少し長めに残して微調整するのがコツです。

②カーブを作る

カーブの形を覚えることが大切です。

育爪カットのカーブは、てっぺんが少しゆるやかで、両角が小さい丸みを帯びています。

カットしすぎないように、爪が丸くなりすぎないように、力を入れずにファイルを動かしてみて下さい。

カーブの見本形

この形をよく見て、覚えましょう。カーブを作るときに、見ながらカットするといいでしょう。

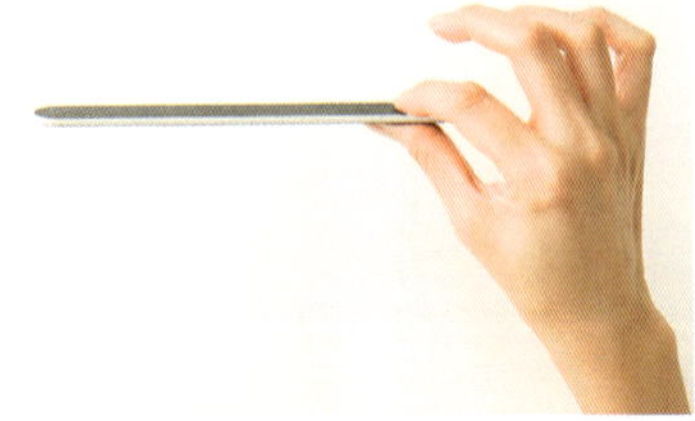

ファイルの持ち方
親指と人差し指でファイルの端を軽く持つ。

ファイルの当て方
カーブの位置にファイルを直角に当てる。

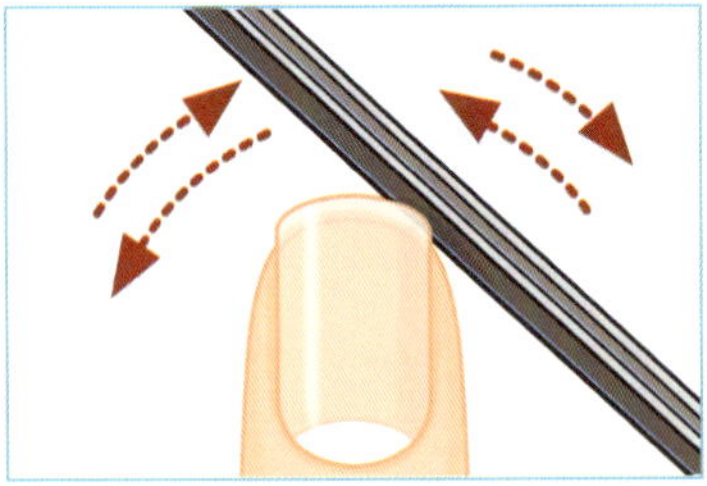

ファイルの動かし方
ファイルを爪に優しく当てた状態で、爪の一方の角から反対側の角までゆっくり往復させる。

爪の形と特徴

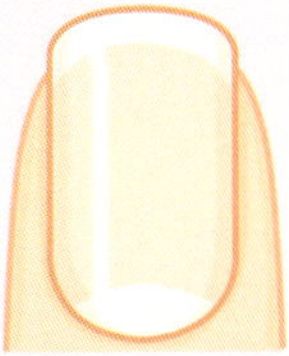

育爪カットのカーブ

スクエアオフに近い形だが、先の部分が平らではなく、ゆるやかにカーブしている。

一般的なカットの形

ラウンド

爪の先全体が丸みを帯びている形。先端部分が少ない分、比較的強度が弱い。サイドに支えがないので、爪が立体的になりにくい。

スクエアオフ

先端、側面ともにストレートで、スクエアのとがった角を落とした形。

スクエア

先端、側面ともにストレートで、四角い形。爪の先端が広いため、衝撃に強く強度はあるが、角がとがっているためひっかかりやすい。

カット時の確認

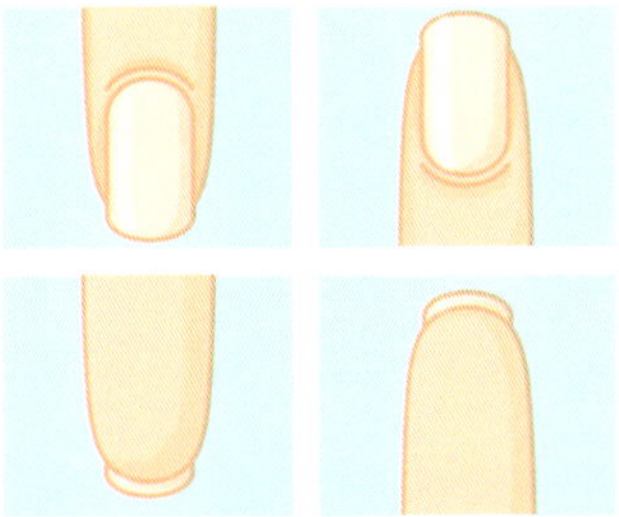

1方向だけでは揃っていないことも。左右対称かどうか、カーブの形はどうかなど、4方向からチェックする。

カーブを確認する目安

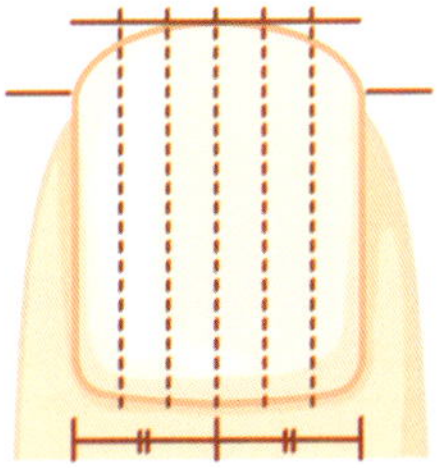

爪を、縦に6等分にしたとき、一番外側の部分だけを角にする。左右の高さ・カーブが対称になるのが理想的。

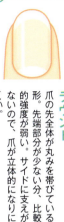

③サイドをカットする

爪は、側面から見るとサイドにも伸びて見えます。サイドを伸ばしたままにすると、その部分が物に当たりやすくなってギザギザになります。それが糸などにひっかかると、爪が割れてしまいます。サイドをカットすることで、爪が割れることが少なくなります。

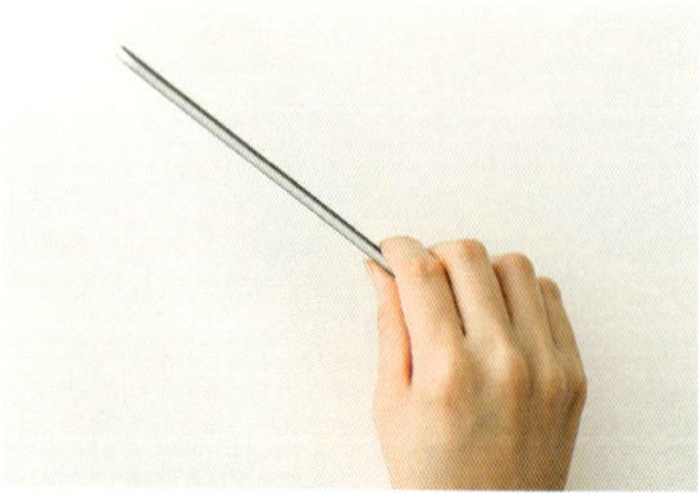

ファイルの持ち方

親指、人差し指、中指で、しっかりファイルを持つ。

ファイルの当て方

爪の真下に、ファイルを入れ込むようにして置く。

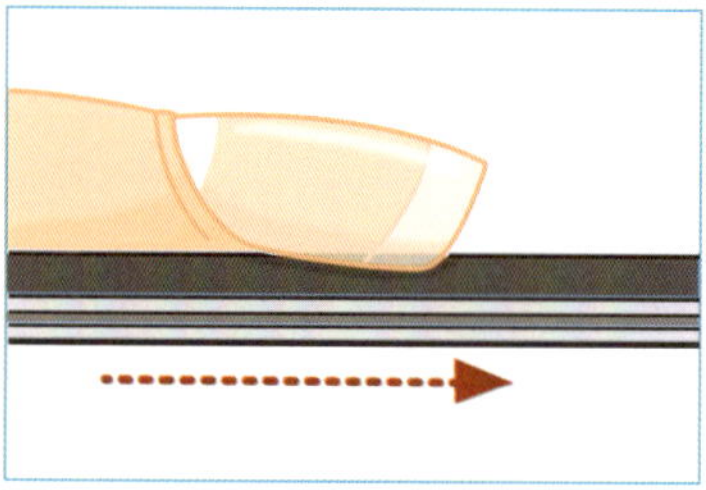

ファイルの動かし方

爪先の方向に、ファイルを1ミリずつ、ゆっくり動かす。カットした部分がまっすぐになっているかどうかを確認しながら引く。

親指の内側のカット法

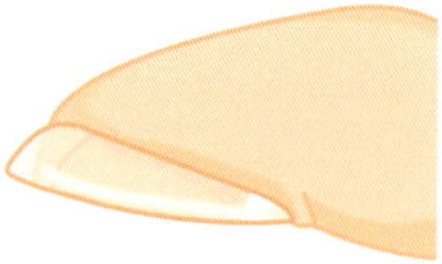

親指の爪をカットするのが難しい場合は、爪表面を下に向けるとカットしやすくなります。

側面から見た爪の伸び方

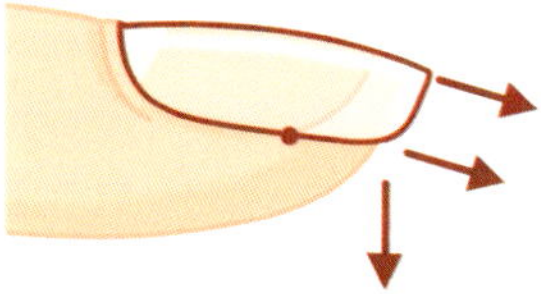

①爪は、前方とサイドが同時に伸びているように見える。

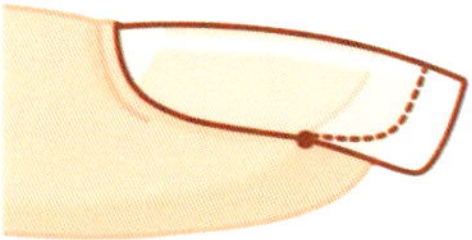

②爪（指）をまったく使わなければ、サイドの部分はまっすぐ伸びる。

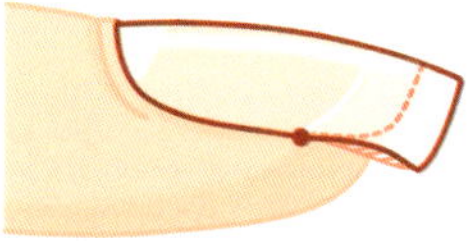

③爪に圧力がかかると、ストレスポイントから欠けていく。

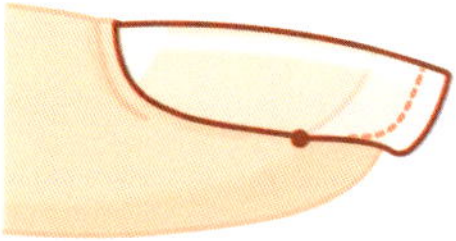

④欠けたあとの爪。

サイドのカットの仕方

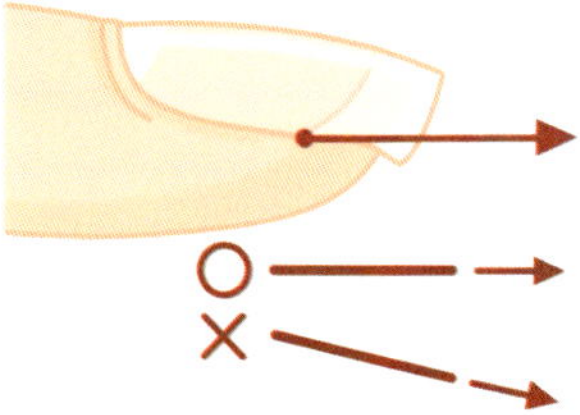

水平に、まっすぐカットする。

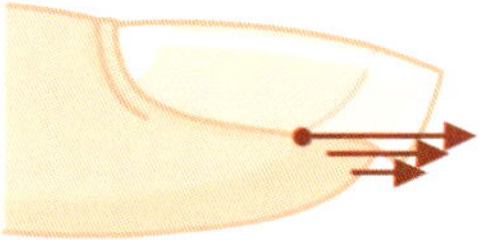

一方方向に、ゆっくり動かす。下の矢印から上の矢印の順にカットしていく。

④角を整える

長さ、カーブ、サイドをカットすると、爪の両側面の先にとがった角ができます。
その部分にファイルを当て、5ミリの範囲内でゆっくりと往復引きし、物が引っかからない程度に、角を丸みを帯びた形に整えます。このとき、角を側面から見て、目でよく確認しながら行いましょう。

丸みをおびた形に整える

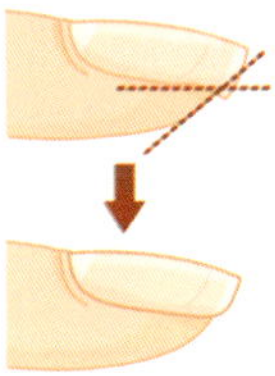

側面から爪を見ると、とがっているのがわかります。そのとがった部分を少しずつゆっくりと丸みをおびた角にします。

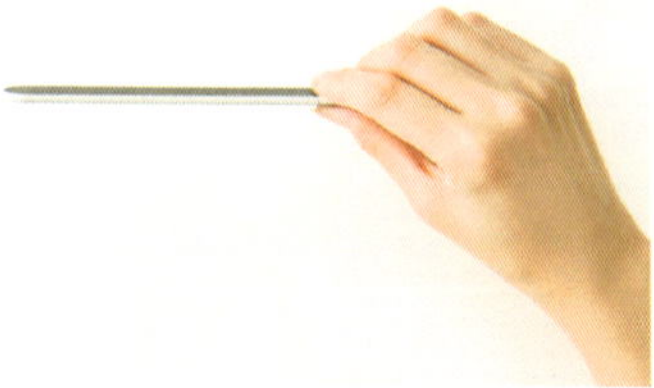

ファイルの持ち方

親指、人差し指、中指でファイルの３分の１を軽く持つ。

ファイルの当て方

とがった部分に優しくファイルを当てる。

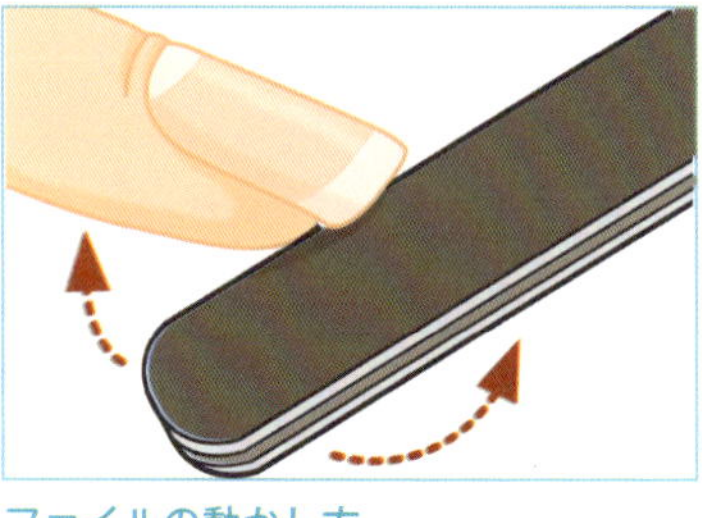

ファイルの動かし方

とがった部分にファイルを当て、５ミリの範囲で往復引きする。角にそわせて弧を描くように。

ピンクの部分が短い爪と角がない爪のカットの仕方

ピンクの部分が短い爪には、「深爪」と「爪が指と密着していない爪」があります。

角がない爪には「両角を切りすぎた爪」と「片方の角が欠けた爪」があります。

深爪の場合は、育爪カットを行う前に、爪を伸ばす必要があります。ただし、今まで行っていた自己流のカットを続けていても、なかなか改善しません。

これらの爪は、それぞれの状態が改善するまで、育爪カットの工程①～⑥の一部を省略や変更してカットします。

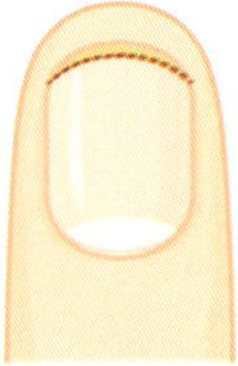

深爪

深爪は、爪の断面がギザギザになっている場合が多いので、爪が伸びるまでは、工程⑥（47ページ）の爪の断面を整える工程だけを行う。

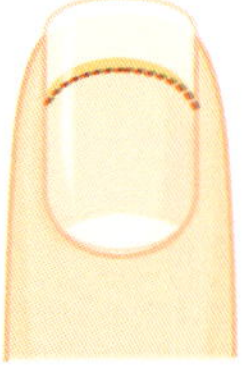

爪が指と密着していない爪

基本的に育爪カットと同じだが、工程①の長さを整えるときに、爪と指の先端が同じ位置になるようにカットする。

両角を切りすぎた爪

工程③のサイドのカットを省く。

片方の角が欠けた爪

角が欠けている側の工程③を省く。

⑤バリと薄皮《うすかわ》をふきとる

爪は3枚の層でできているため、カットすると、爪の先端に線維状の「バリ」ができてしまいます。カット後には見えませんが、ぬるま湯に爪をつけるとひらひらと浮き上がってきます。

同様に、薄皮も爪をぬるま湯でふやかすことで浮き上がります。どちらもコットンでふきとります。

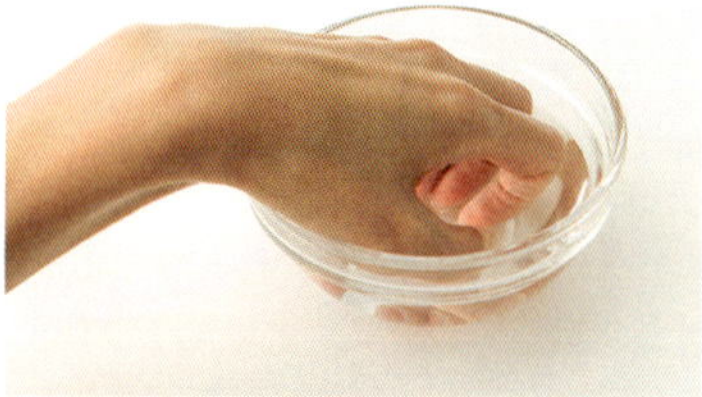

1、バリと薄皮を浮き上がらせる

指先を、ぬるま湯に１～２分間つける。

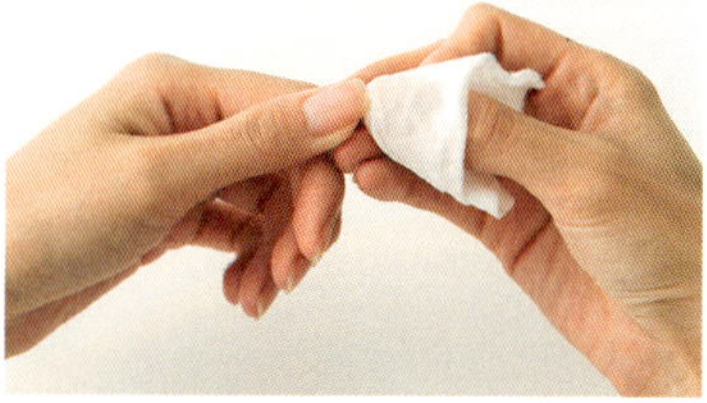

2、バリを取りのぞく

濡らしたコットンを親指の爪に巻きつけて、浮き上がったバリをゆっくり取り除いていく。

3、薄皮をふきとる

濡らしたコットンを親指の爪に巻きつけて、ふやかした薄皮を根元に向かって少し押し上げるようにふきとる。

バリ

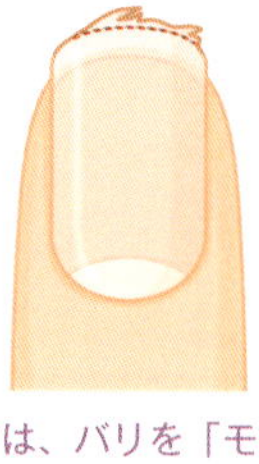

サロンでは、バリを「モケモケ」と呼んでいます。モケモケは、ぬるま湯につけると浮いてきて、よく見えるようになります。

⑥爪の断面を整える

最後に、ピンクのファイル（320か280）で断面を整えます。さらに指の腹を使って爪先を触り、ギザギザしているところがないかを確認しながら、断面に引っかかりがなくなるよう、なめらかにしていきます。

この仕上げをすることで、線維がひっかかることや、二枚爪になるのを防ぐことができます。

ファイルの持ち方

小指以外の指でファイルを軽く持ってゆっくり動かす。

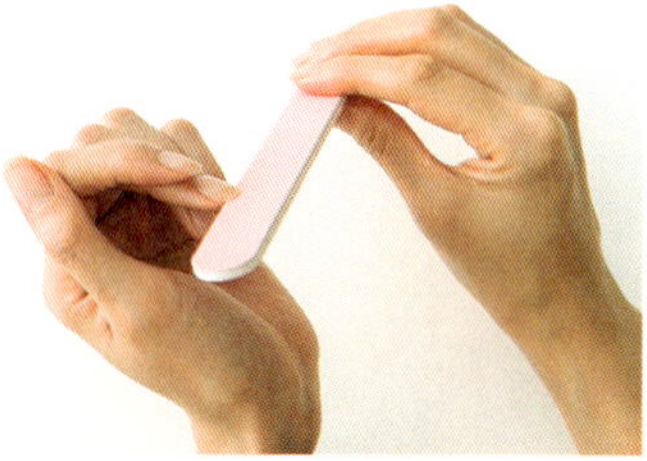

ファイルの当て方

コットンでとりきれなかったバリをとる。爪先の下に、ファイルを爪の面と平行に入れる（深爪の人は断面のみでもOK）。

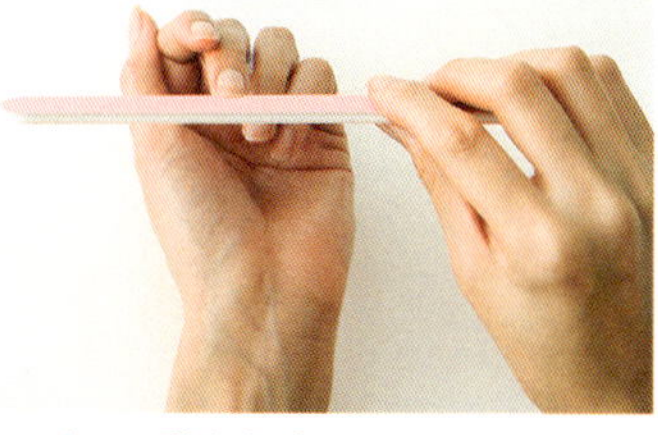

ファイルの動かし方

左右にゆっくり動かす。

爪のギザギザを探す

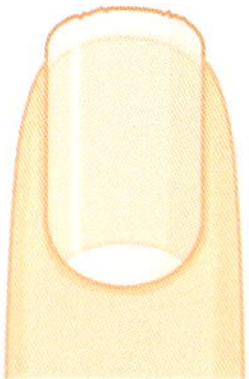

カットの途中で、指の腹を使って爪の断面がなめらかになっているかどうか、チェックしましょう。

さあ、実際に爪をカットをしましょう！

育爪カットは①長さを整える、②カーブを作る、③サイドをカットする、④角を整えるという4つのステップで行います。

しかし、すべての指を一度に行う必要はありません。また、初めてファイルを使う場合は時間がかかって当然です。「今日は、左手だけをやってみよう」などと、**自分のペースで行いましょう。**１つの爪で①〜④の工程を行ってもいいですし、①の長さの処理をすべての指にしてから、②に移っても構いません。

カットに使うファイルは目の粗い１８０グリットが基本ですが、１ミリ程度しかカットしない場合や爪を削るときの振動が苦手な方は、２８０グリットなどの目の細かいものでも大丈夫です。

また、**爪のカットは細かい作業なので、日中の明るい部屋や照明のもとで、爪をよく見ながら慎重に行ってください。**

カットは指を固定して行うことが大事です。ファイルの持ち方、当て方などを詳しく紹介していきます。写真を参考に自分でやりやすい方法を探して、育爪を楽しんでください。

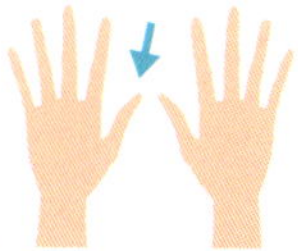

左手・親指

① 長さを整える

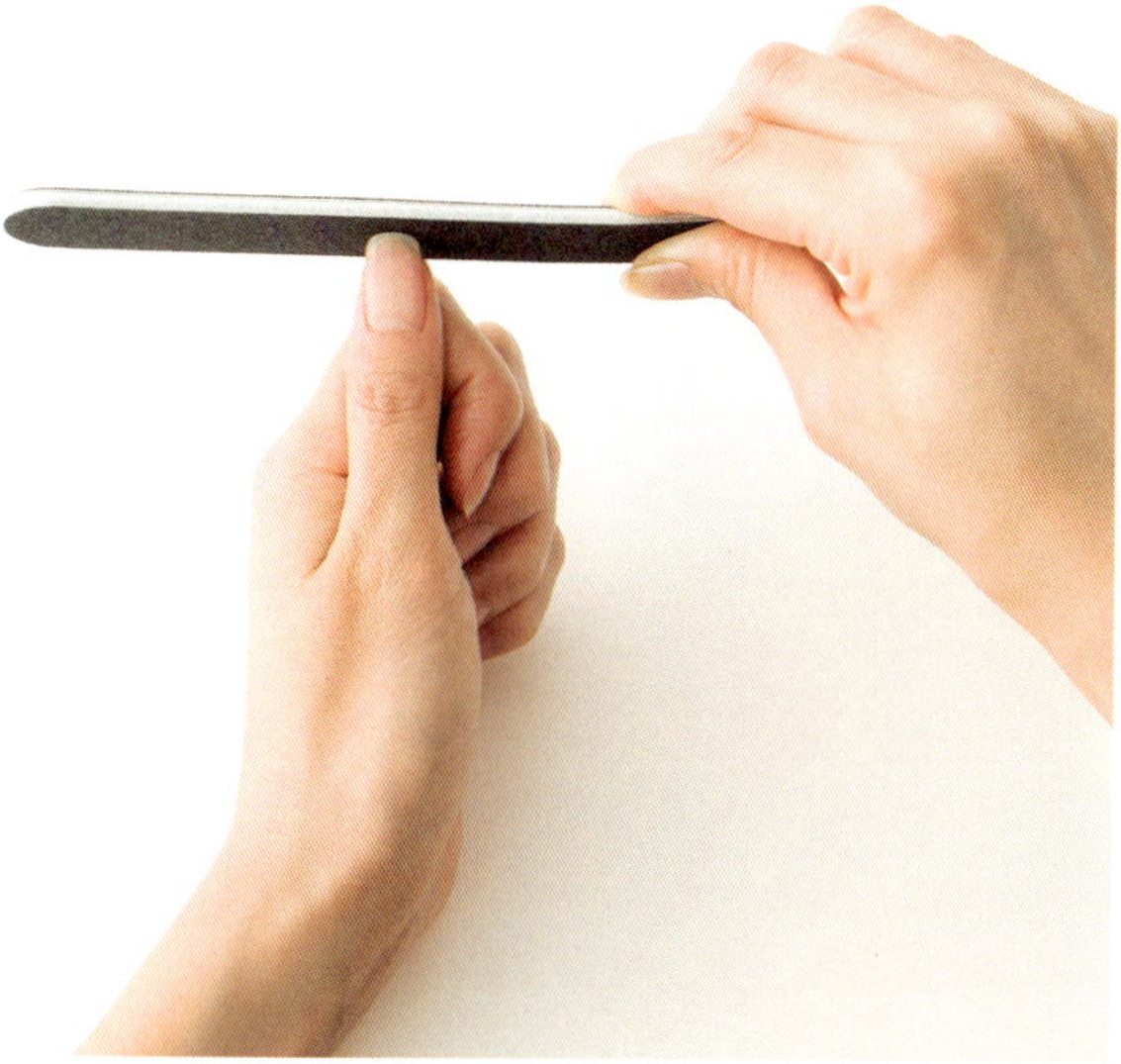

1. 右手でファイルをしっかりにぎる。2. 親指の爪がよく見える位置で、ファイルを90度に当てる。3. 親指が動かないように、他のすべての指で固定する。4. 爪とファイルを密着させ、一方方向に一定の力で引く。

② カーブを作る

ファイルを爪から離さず、軽く往復引きする。丸くしすぎないように。

③ サイドをカットする

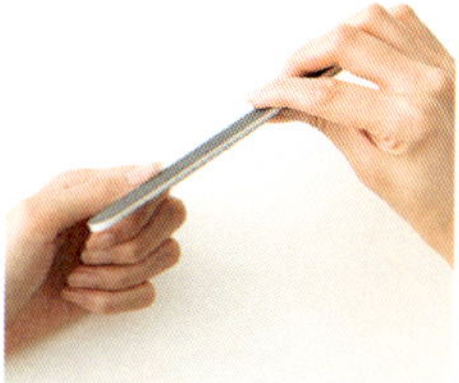

爪の真下にファイルを置き、爪先方向に１ミリずつゆっくり引く。

④ 角を整える

ファイルを当て、5ミリの範囲で往復引きして、丸みをおびた形に整える。

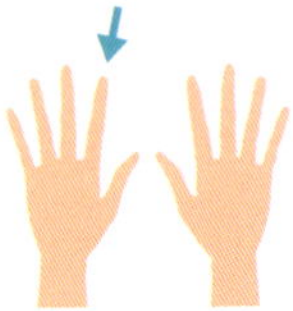

左手・人差し指

① 長さを整える

1. 右手でファイルをしっかりにぎる。2. 人差し指の爪がよく見える位置で、ファイルを90度に当てる。3. 人差し指が動かないように、親指と中指で固定する。4. 爪とファイルを密着させ、一方方向に一定の力で引く。

② カーブを作る

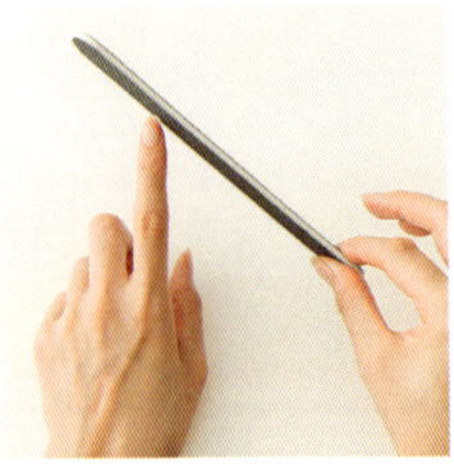

人差し指が揺れないようにし、力を抜いてファイルを往復引きでゆっくり動かす。

③ サイドをカットする

爪の真下にファイルを置き、爪先方向に１ミリずつゆっくり引く。

④ 角を整える

ファイルを当て、5ミリの範囲で往復引きして、丸みをおびた形に整える。

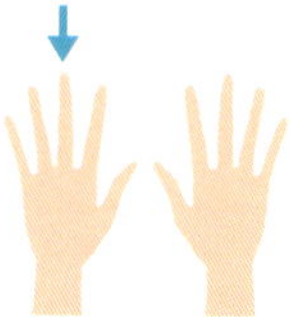

左手・中指

① 長さを整える

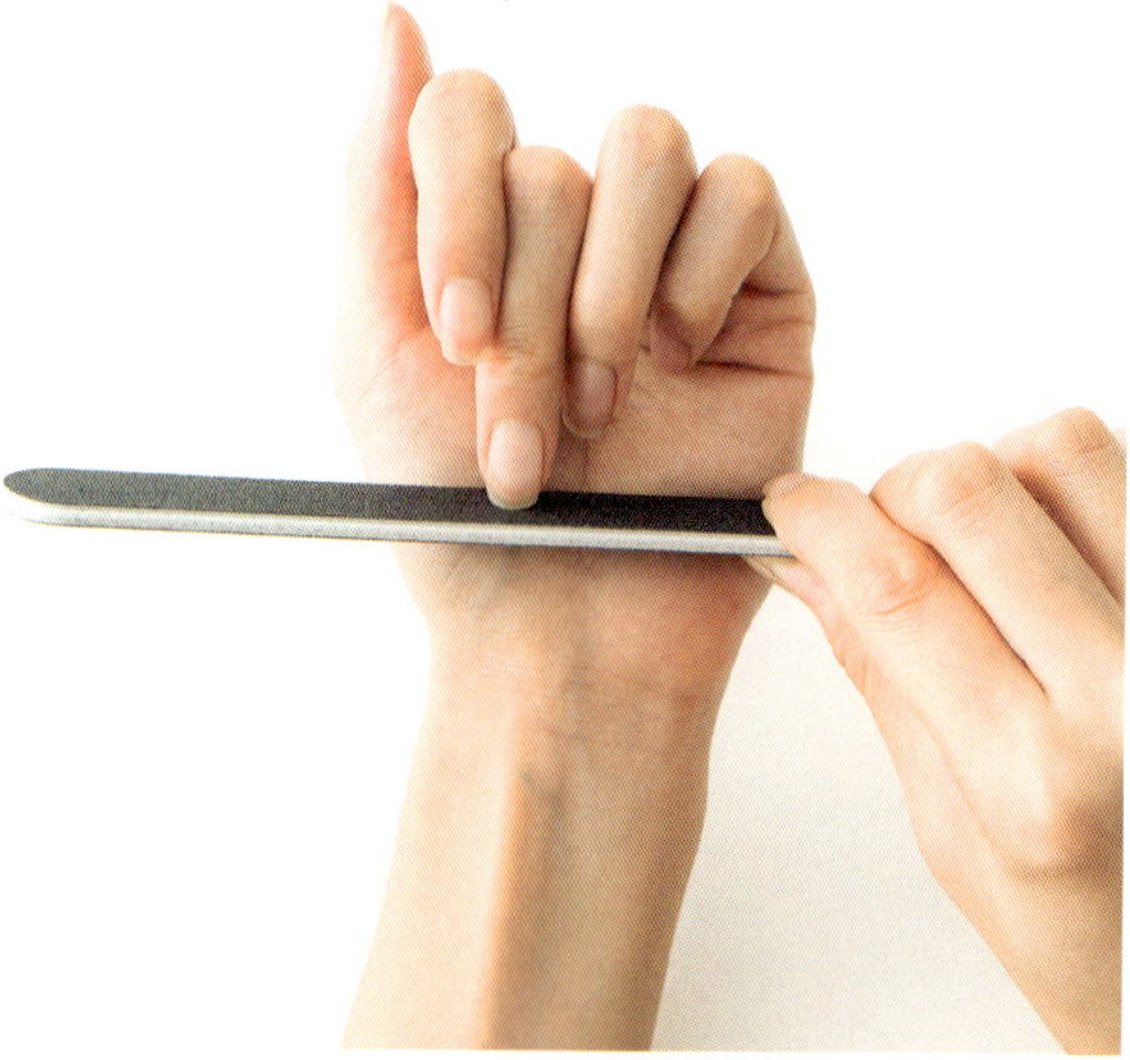

1. 右手でファイルをしっかりにぎる。2. 中指の爪がよく見える位置で、ファイルを90度に当てる。3. 中指が動かないように、人差し指と薬指で固定する。4. 爪とファイルを密着させ、一方方向に一定の力で引く。

② カーブを作る

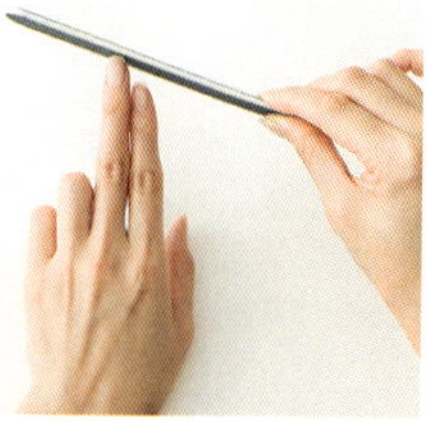

中指が揺れないようにし、力を抜いてファイルを往復引きでゆっくり動かす。

③ サイドをカットする

爪の真下にファイルを置き、爪先方向に１ミリずつゆっくり引く。

④ 角を整える

ファイルを当て、5ミリの範囲で往復引きして、丸みを帯びた形に整える。

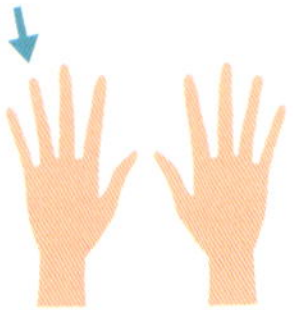

左手・薬指

① 長さを整える

1. 右手でファイルをしっかりにぎる。2. 薬指の爪がよく見える位置で、ファイルを90度に当てる。3. 薬指が動かないように、中指と小指で固定する。4. 爪とファイルを密着させ、一方方向に一定の力で引く。

② カーブを作る

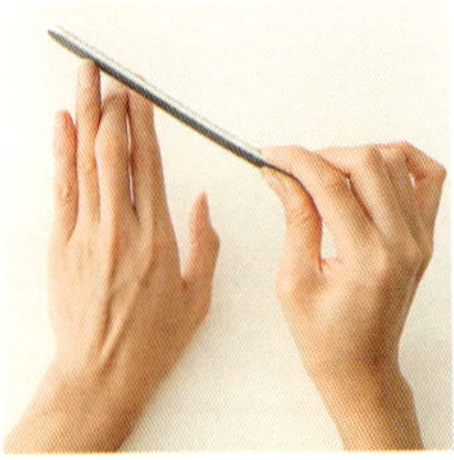

薬指が揺れないようにし、力を抜いてファイルを往復引きでゆっくり動かす。

③ サイドをカットする

爪の真下にファイルを置き、爪先方向に1ミリずつゆっくり引く。

④ 角を整える

ファイルを当て、5ミリの範囲で往復引きして、丸みをおびた形に整える。

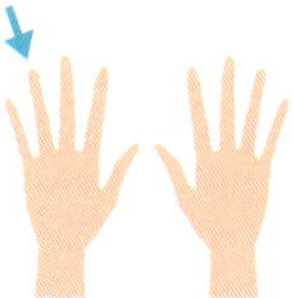

左手・小指

① 長さを整える

1. 右手でファイルをしっかりにぎる。2. 小指の爪がよく見える位置で、ファイルを90度に当てる。3. 小指が動かないように、薬指で固定する。4. 爪とファイルを密着させ、一方方向に一定の力で引く。

② カーブを作る

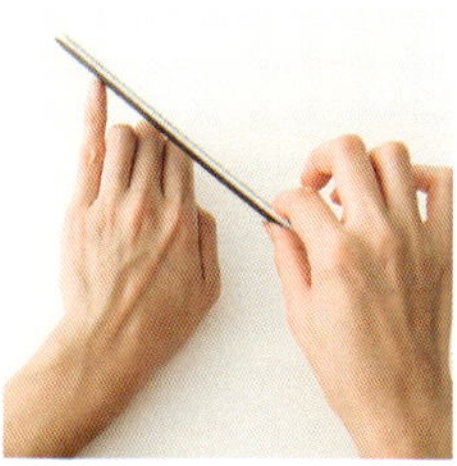

小指が揺れないようにし、力を抜いてファイルを往復引きでゆっくり動かす。

③ サイドをカットする

爪の真下にファイルを置き、爪先方向に1ミリずつゆっくり引く。

④ 角を整える

ファイルを当て、5ミリの範囲で往復引きして、丸みをおびた形に整える。

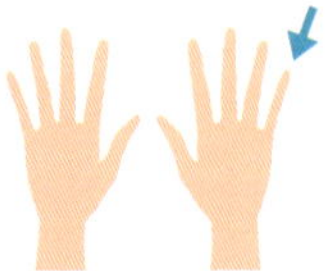

右手・小指

① 長さを整える

1. 左手でファイルをしっかりにぎる。2. 小指の爪がよく見える位置で、ファイルを90度に当てる。3. 小指が動かないように、薬指で固定する。4. 爪とファイルを密着させ、一方方向に一定の力で引く。

② カーブを作る

小指が揺れないようにし、力を抜いてファイルを往復引きでゆっくり動かす。

③ サイドをカットする

爪の真下にファイルを置き、爪先方向に1ミリずつゆっくり引く。

④ 角を整える

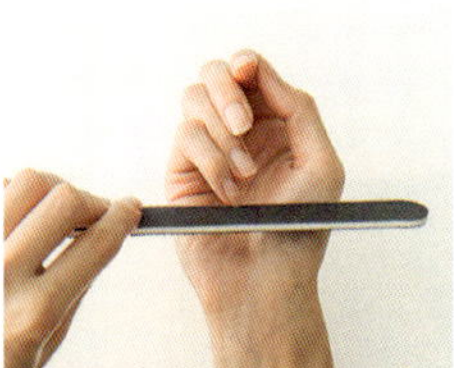

ファイルを当て、5ミリの範囲で往復引きして、丸みをおびた形に整える。

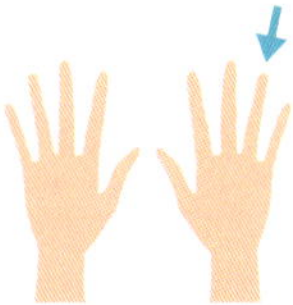

右手・薬指

① 長さを整える

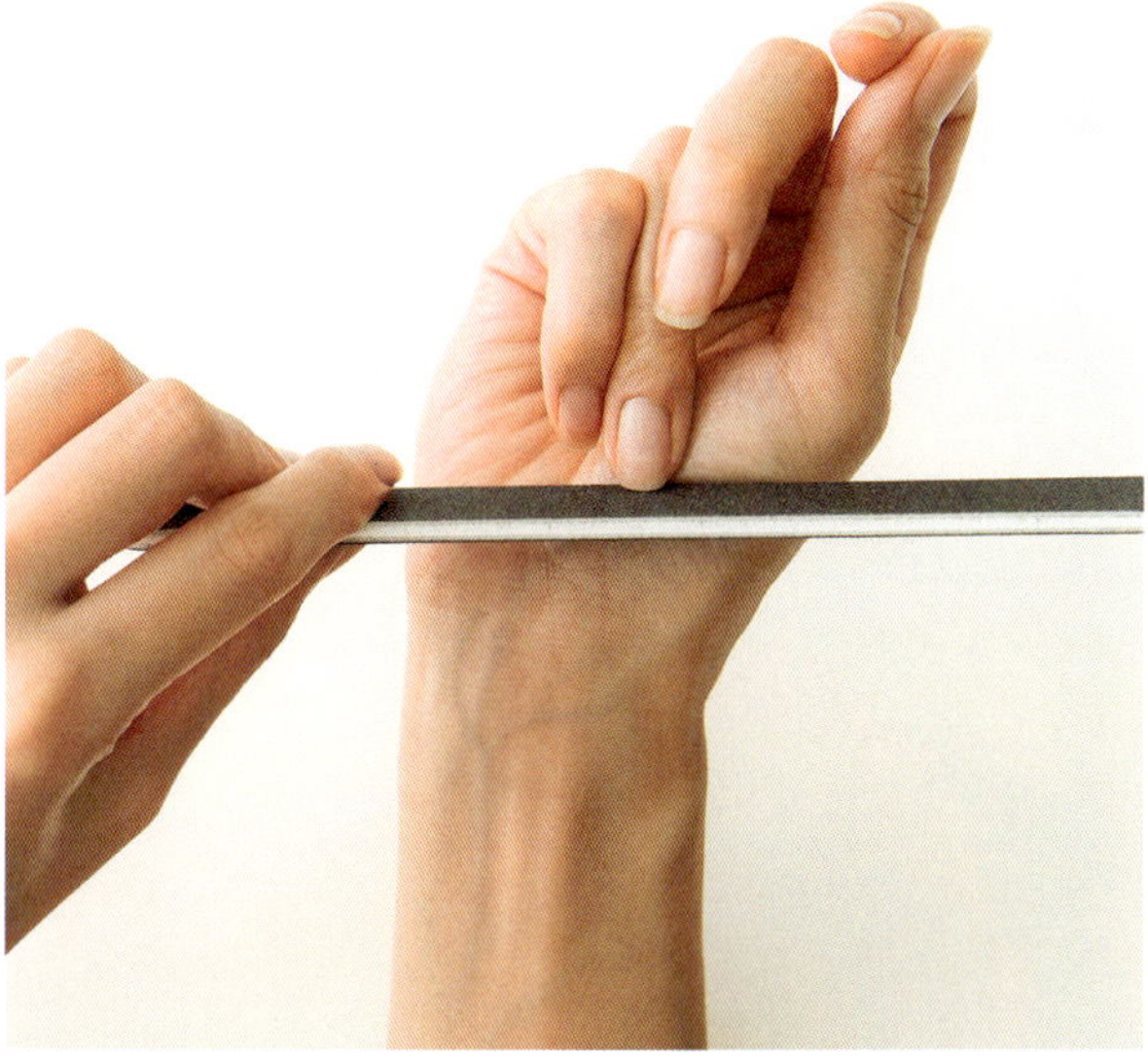

1. 左手でファイルをしっかりにぎる。2. 薬指の爪がよく見える位置で、ファイルを90度に当てる。3. 薬指が動かないように、中指と小指で固定する。4. 爪とファイルを密着させ、一方方向に一定の力で引く。

② カーブを作る

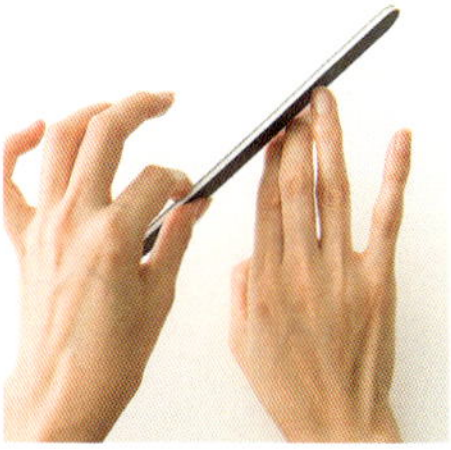

薬指が揺れないようにし、力を抜いてファイルを往復引きでゆっくり動かす。

③ サイドをカットする

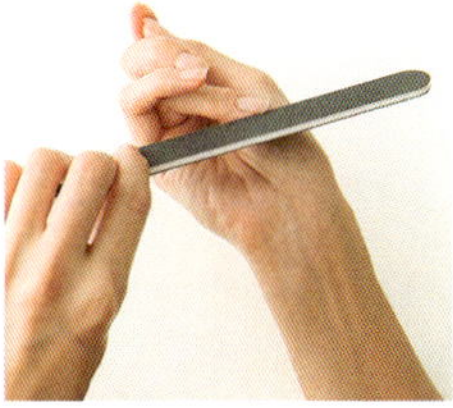

爪の真下にファイルを置き、爪先方向に1ミリずつゆっくり引く。

④ 角を整える

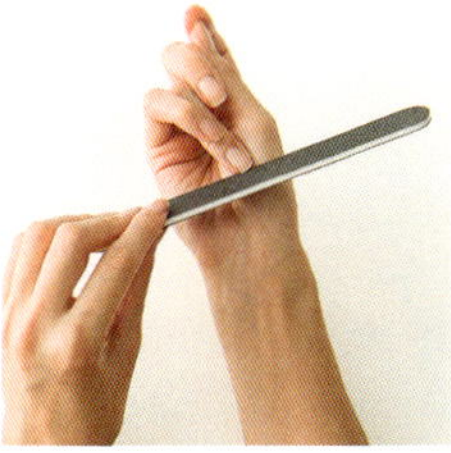

ファイルを当て、5ミリの範囲で往復引きして、丸みをおびた形に整える。

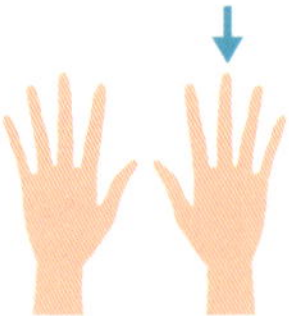

右手・中指

① 長さを整える

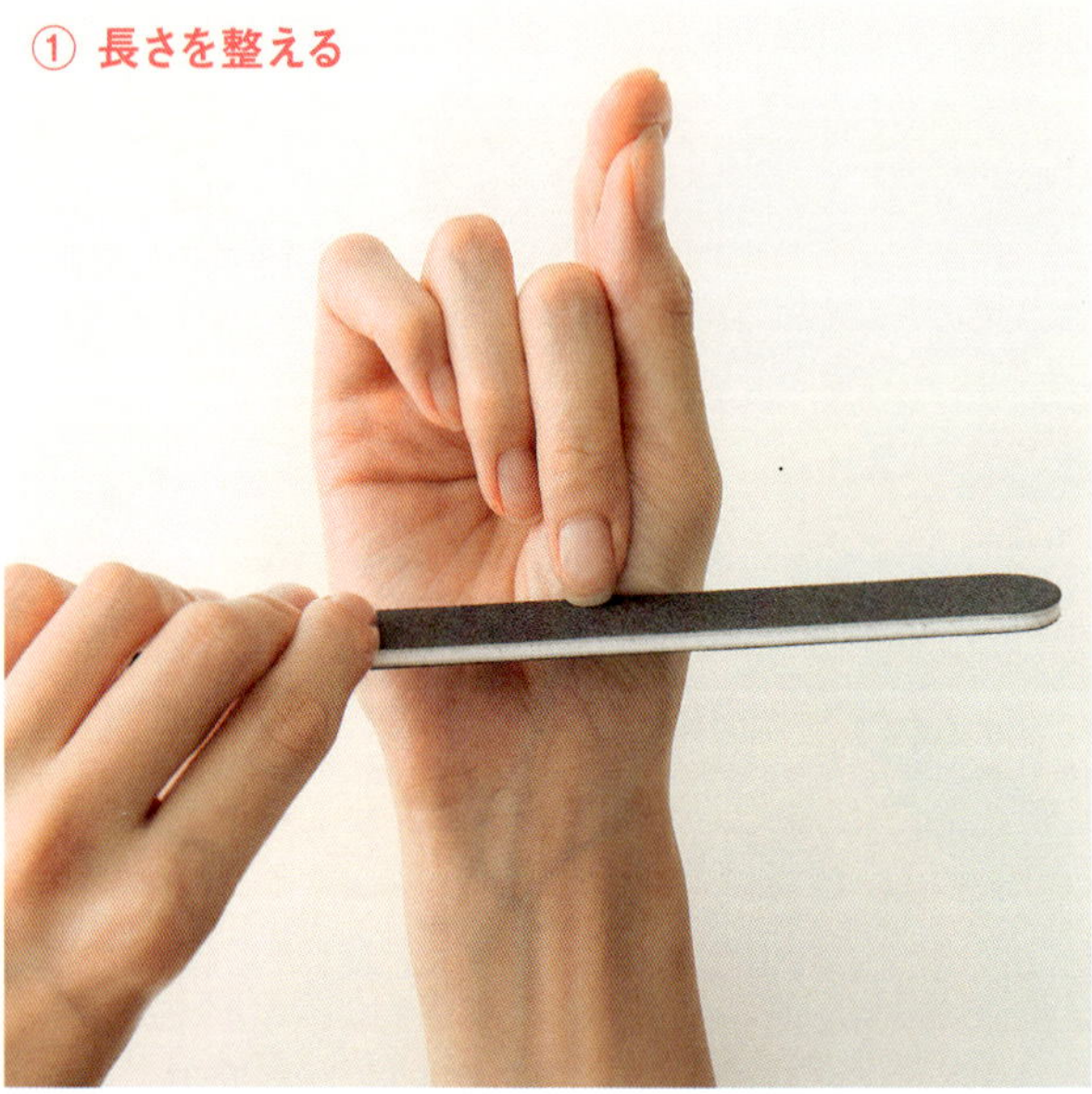

1. 左手でファイルをしっかりにぎる。2. 中指の爪がよく見える位置で、ファイルを90度に当てる。3. 中指が動かないように、親指と薬指で固定する。4. 爪とファイルを密着させ、一方方向に一定の力で引く。

② カーブを作る

中指が揺れないようにし、力を抜いてファイルを往復引きでゆっくり動かす。

③ サイドをカットする

爪の真下にファイルを置き、爪先方向に１ミリずつゆっくり引く。

④ 角を整える

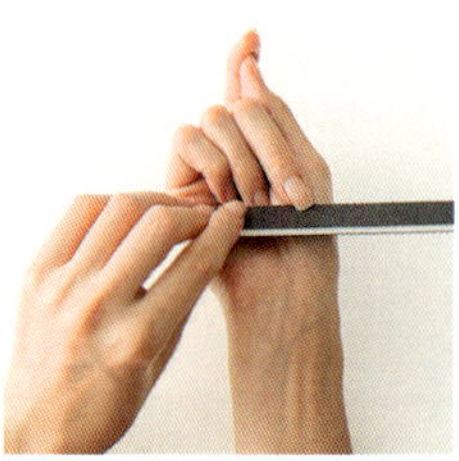

ファイルを当て、5ミリの範囲で往復引きして、丸みをおびた形に整える。

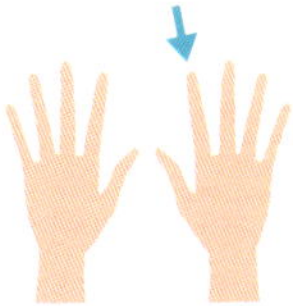

右手・人差し指

① 長さを整える

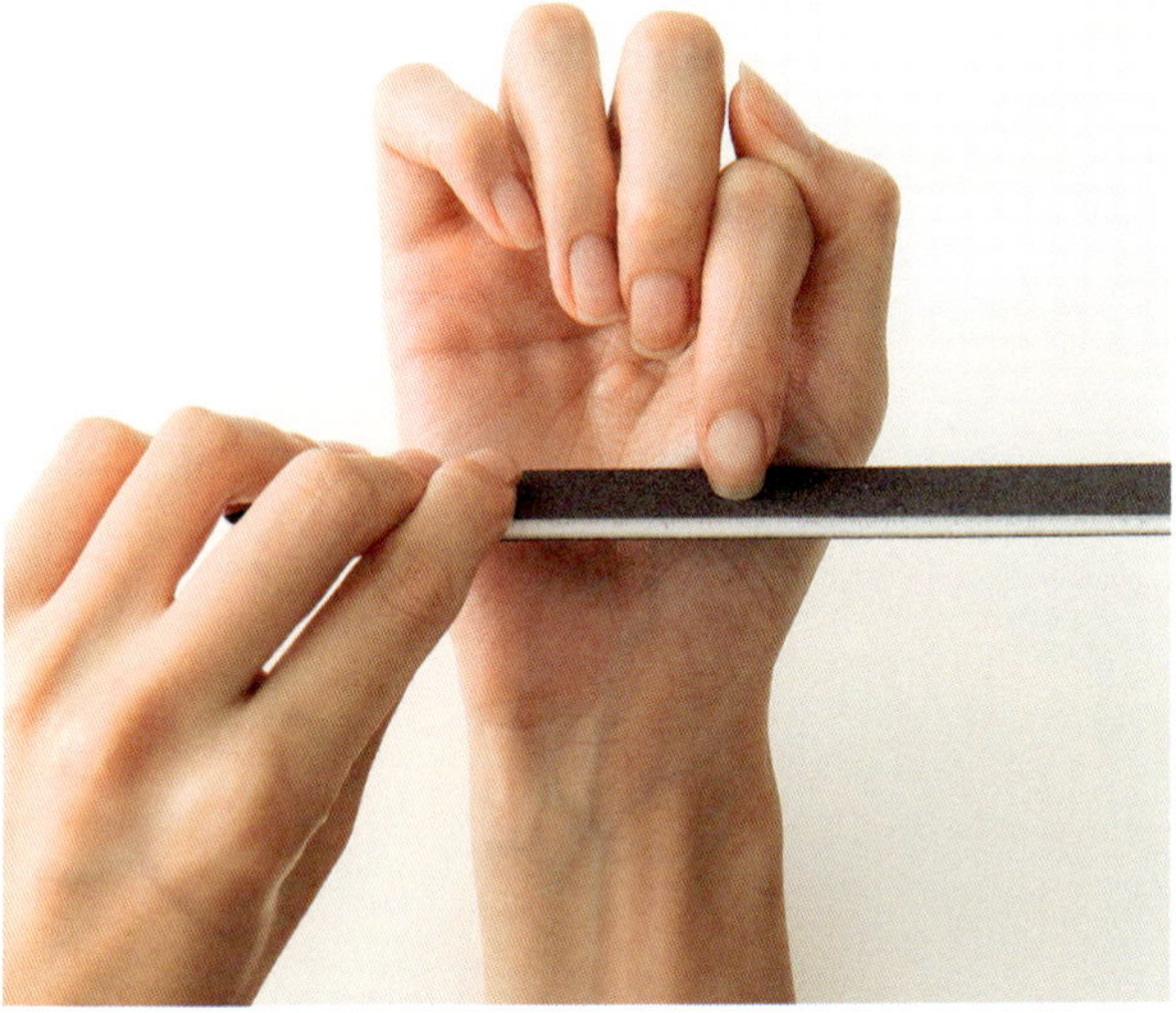

1. 左手でファイルをしっかりにぎる。2. 人差し指の爪がよく見える位置で、ファイルを90度に当てる。3. 人差し指が動かないように、親指と中指で固定する。4. 爪とファイルを密着させ、一方方向に一定の力で引く。

② カーブを作る

人差し指が揺れないようにし、力を抜いてファイルを往復引きでゆっくり動かす。

③ サイドをカットする

爪の真下にファイルを置き、爪先方向に１ミリずつゆっくり引く。

④ 角を整える

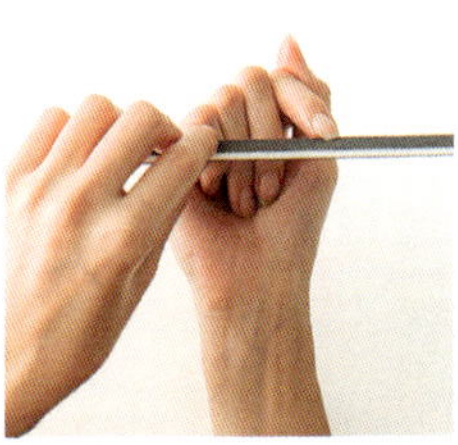

ファイルを当て、5ミリの範囲で往復引きして、丸みをおびた形に整える。

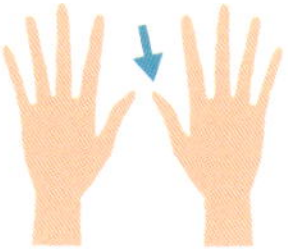

右手・親指

① 長さを整える

1. 左手でファイルをしっかりにぎる。2. 親指の爪がよく見える位置で、ファイルを90度に当てる。3. 親指が動かないように、他のすべての指で固定する。4. 爪とファイルを密着させ、一方方向に一定の力で引く。

② カーブを作る

親指が揺れないようにし、力を抜いてファイルを往復引きでゆっくり動かす。

③ サイドをカットする

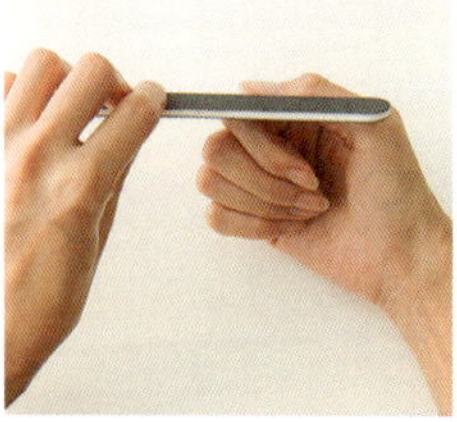

爪の真下にファイルを置き、爪先方向に１ミリずつゆっくり引く。

④ 角を整える

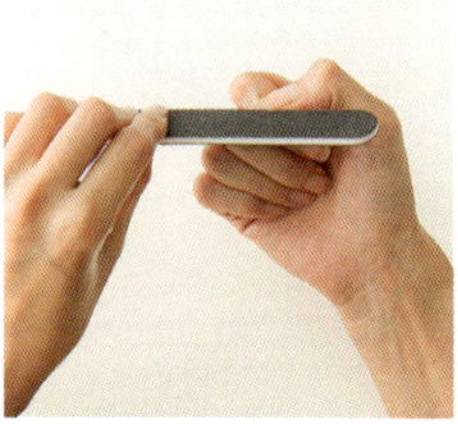

ファイルを当て、5ミリの範囲で往復引きして、丸みをおびた形に整える。

カットはうまくいきましたか？

まずは、片手だけですべての爪の長さが揃っているかどうかを確認します。**右手は右手だけで、左手は左手だけで長さが揃っていれば大丈夫です。**なぜならば、右手と左手で同じ指でも、爪のピンクの部分の長さが違う場合があるからです。

次に、40ページのカーブの見本形のイラストと、自分のそれぞれの指の爪を見比べて形を確かめます。

爪の両角を切りすぎると、カーブの中央が高くなります。

その場合には、高くなった中央の部分だけを、②のカーブを作る要領で再度削ってみてください。

そして、角が丸みを帯びた形なっているかどうかも、**目で見るだけでなく指の腹でも触って確認してください。**

最後に、指の腹で各爪の断面を触ってみて、ザラザラしていないか確認します。

ザラザラしている指があれば、46ページに戻って⑥の工程をもう一度行いましょう。

2 爪にオイルを塗る→爪を保湿して保護する

育爪は、オイルがないと成立しません。なぜならば、育爪では、オイルで爪を保湿して保護する必要があるからです。

オイルのすごいところは、爪を柔らかくすることです。

実は、爪は柔らかいほうが保護力が高くなり、強い衝撃が加わっても、衝撃が吸収されて、欠けたり割れたりしません。

オイルはクリームと違って液体のため、爪に無数に空いている目に見えない隙間に流れ込んで爪のすみずみまで浸透します。お風呂に入ったときのように、爪の白い部分が透き通ってやわらかくなるのを、すぐに実感するはずです。

爪や皮膚の白っぽい部分、粉を吹いたような部分、ささくれた部分、深いすじやしわなども、オイルによって透明感が出て目立たなくなります。塗った瞬間からテンションが上がってやる気が持続します。

塗り方で最も重要なのは、指先を上に向けて爪の裏側へオイルを一滴垂らすことです。

これによって、爪の裏側→左右のストレスポイント→左右の爪側面と指の溝→爪の生え際と甘皮、薄皮の順にオイルが流れ落ちます。甘皮や薄皮に溜まったオイルを爪表面にモミモミとすり込むように塗りのばせば、**爪全体と爪周りの皮膚すべてを保湿することができます。**

さらに手のひらに水を垂らして手をすり合わせると、乳化といって、オイルと水が混ざった状態になります。

乳化したオイルはベトベトせず、さらっとして爪や皮膚になじんでいきます。オイルと混ざった水分は蒸発がゆるやかになるので、保湿効果が長続きします。

オイルが余った場合は、腕、髪の毛など、乾燥を感じる場所に塗りのばしてください。それでも余る場合は、ティッシュでふきとっても大丈夫です。

1日に5～10回以上塗ると、乾燥や摩擦によるトラブルと無縁になります。外出前、食前、就寝前で3～5回は塗ることができます。電車、バス、タクシーを待ったり、乗車している間、飲食店で注文が届くまでの間、テレビを見ている間などもおすすめです。慣れると自然に塗りたくなってくるので、まずは5回を目標に始めてみましょう。

特にネイルカラー、ジェルネイル、スカルプチュア、コート剤をしている間は、爪の裏側からしか油分と水分の補給ができません。爪が乾燥して硬くなっているので、オイルを爪の裏側から一滴落として、ストレスポイントや爪側面と指の溝にも流し込んでください。

●オイルの塗り方

オイルは爪の裏側から塗るのがポイントです。そうすることで爪の側面と指との溝にもオイルを流し込むことができ、爪のささくれも防ぐことができます。オイルは一滴ずつ垂らすことができる点眼容器に移し替えると、上手にオイルを落とすことができます。

用意するもの
・オイル
・水

オイルは、爪の白い部分の面積に合わせて、一滴の量を調整します。

点眼容器が手に入らない場合は、お弁当用の使い捨て醤油容器やスポイトなどでも代用できます。オイルによってはうまく乳化しない場合がありますが、そのときは水を使わなくても構いません。

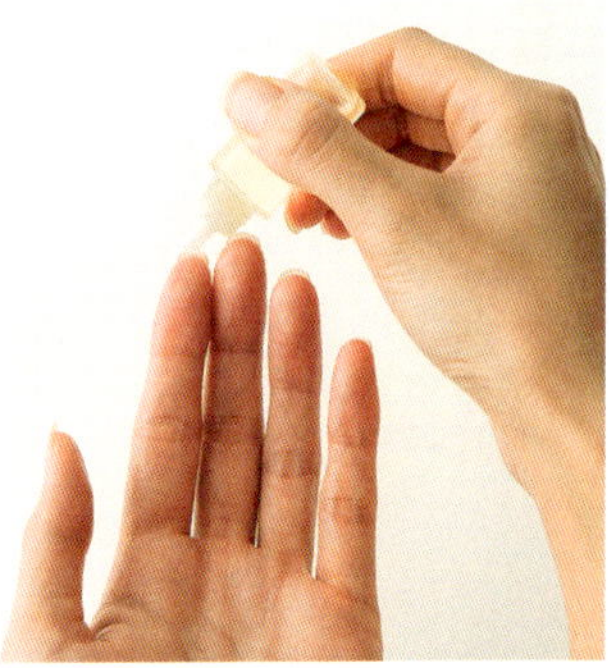

❶指先を上に向けて、爪の裏側と指の間にオイルを垂らす。指の上から左右にオイルが流れるくらいの量が目安。両手の指すべてにオイルをつける。

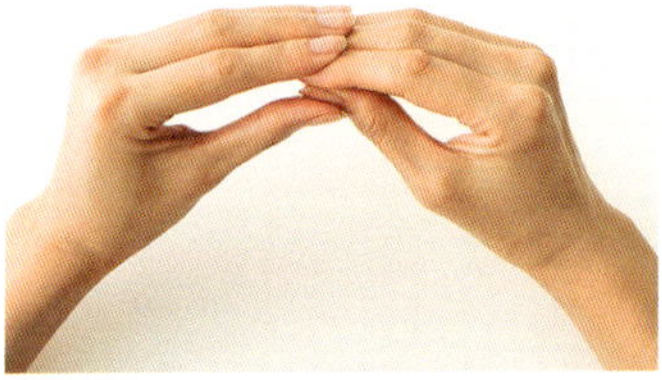

❷両手の指先をよくもむようにすり合わせ、すべての指の甘皮と爪表面にオイルを塗り込む。爪の表面と裏側、爪全体にオイルを行き渡らせる。

❸片方の手のひらに、1円玉くらいの大きさに水を垂らす。

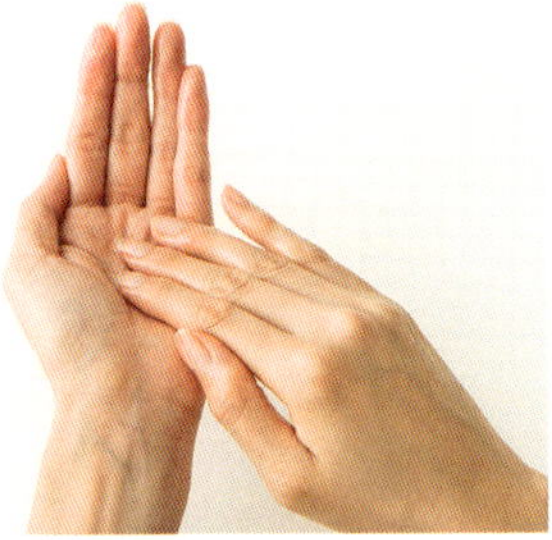

❹反対側の手の指先で、指についたオイルと水を混ぜ合わせる。オイルと水が混ざって乳化するので、オイルのベタつきが気にならなくなる。

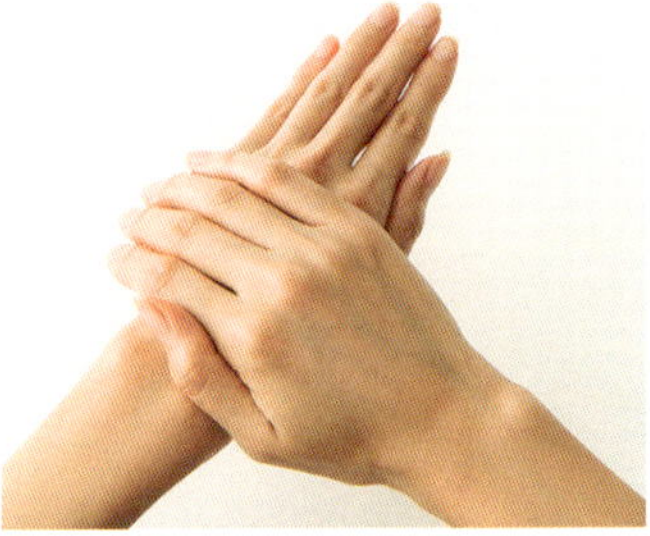

❺乳化したオイルを手の甲など全体に塗り込み、なじませる。

❻両手の指と指を交差させて、指の間もしっかりオイルを塗り込む。

運命的な植物オイルとの出会い

育爪にとって、一番重要なオイルですが、開業当初は動物の油を使っていました。馬の油、馬油《ばあゆ》はとても好評で、私自身もとても気に入っていました。

ところが、私が化学物質過敏症になってしまい、事態は一変しました。毎日、自宅からサロンまでの通勤途中に、駅ビルや電車の中、建築現場の近くなどで、息苦しさを感じるようになったのです。空気中にただよっている、塗料、接着剤、化粧品、芳香剤などに含まれる揮発性の化学物質が原因だと分かりました。

そんなときに必ず避難する場所は、公園や道端の低い木の茂みでした。木々の中に避難すると、街中とは違う空気に包まれます。木々たちは朝から夜まで、とてもきれいな緑の香りがする天然の揮発物質を空気中に発散しています。その中に入ると、息苦しさがどんどん回復し、元気になっていくのを実感しました。

そんな事を何度も経験していくうちに、「木があることによって空気はきれいになる」「植物をもっと増やしたい」という想いが湧きあがってきました。当時、お客様にとても人気があった馬油をやめてでも、植物のオイルを使うことで、自生したり栽培される植物を増やしたい、と強く思うようになりました。

そして、植物オイルの中で人間の皮脂に近いものを探してみると、その中の一つにマカデミアナッツオイルがありました。それからというもの、見本市に行く度にマカデミアナッツオイルを探しました。

3年かかってようやく巡り合えたフランスの食用マカデミアナッツオイルは、原料、製法、出来上がりの品質に強いこだわりがあり、他のどのマカデミアナッツオイルにもない、焼きたてのパンの香りがする、とてもみずみずしいオイルでした。そのオイルを指につけるだけで、なぜか、とても幸せな気分になりました。

まるで恋に落ちてしまったかのように、毎日朝から晩まで、そのオイルのことが浮かんできて、頭から離れませんでした。

そのオイルをどうしても手に入れたかった私は、何の保証もなく単身でフランスへ行き、様々な偶然が重なって、輸入させてもらえることができたのです。

オイルはたくさんの種類があり、産地、農園、種、栽培方法、抽出、濾過、品質基準などによって、価格も使い心地もさまざまです。

私がマカデミアナッツオイルと運命的な出会いをしたように、あなたにも、塗るだけで幸せな気分になるようなオイルが待っているかもしれません。ぜひ、いろいろなオイルを試して、あなただけのお気に入りのオイルを見つけてください。

3 爪を道具にしない→爪のはがれを防止する

「爪を道具にしない」と言われても、ピンと来ないかもしれません。実は私たちは気づかないうちに、硬い爪を生活の中で利用しています。

例えば、爪でシールやテープをはがす、缶のプルタブを爪でひっかけて立てる、汚れを爪でこする、みかんの皮をむく、爪を立てて頭を洗うなどです。

このように**爪を道具にしていると、爪が裂けたり、欠けたり、割れたりする原因になります。**爪を使わずに、汚れは割り箸やブラシでこする、柑橘類の皮をむくときはナイフを使うなど、爪の代わりに道具を使うようにしましょう。

また、直接爪を使っていなくても、エレベーターや照明のスイッチを押す、ジーンズをはくなど、**指先を使う動作にも注意が必要です。**無意識のうちに爪が当たって割れてしまうこともあるので、指の関節でスイッチを押したり、指の付け根で物をつかむようにすると、爪への負荷が軽減されます。

爪を道具代わりに使うのをやめることで、爪が指からはがれる原因がなくなり、ピンクの部分が長くなります。

爪を道具にしない指の使い方

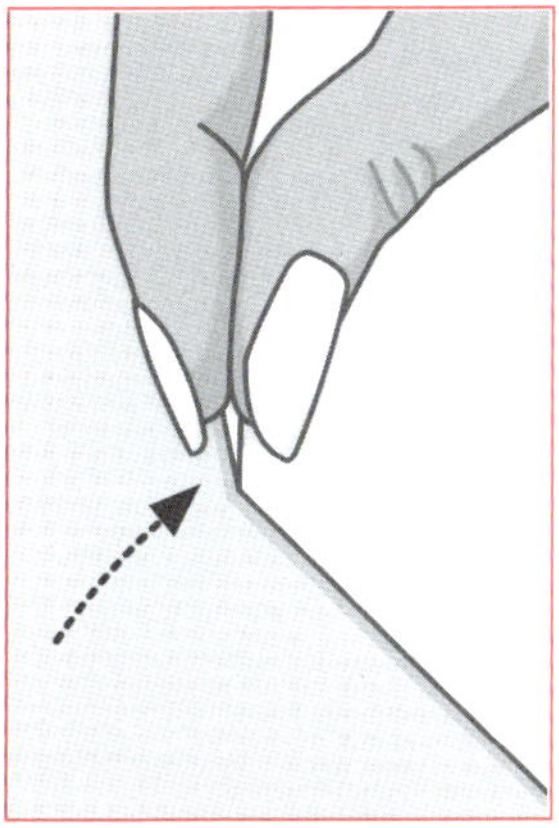

指の腹ではがす
シールやテープなど

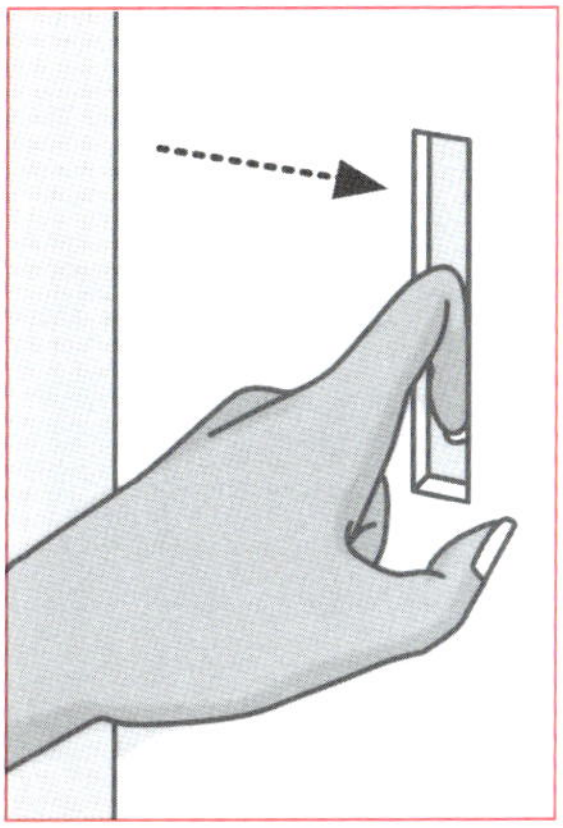

関節でひく
ドアやタンスの引き戸など

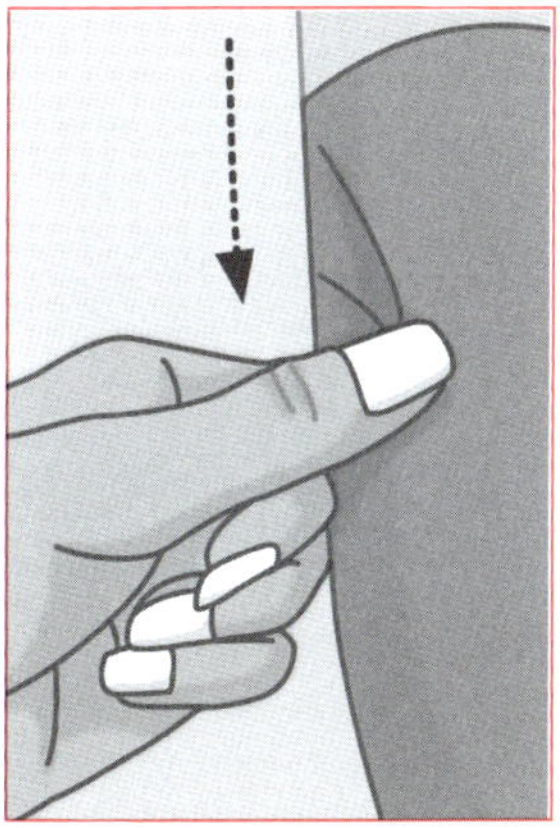

指の腹にはさんでひっぱる
ストッキングやレギンスなど

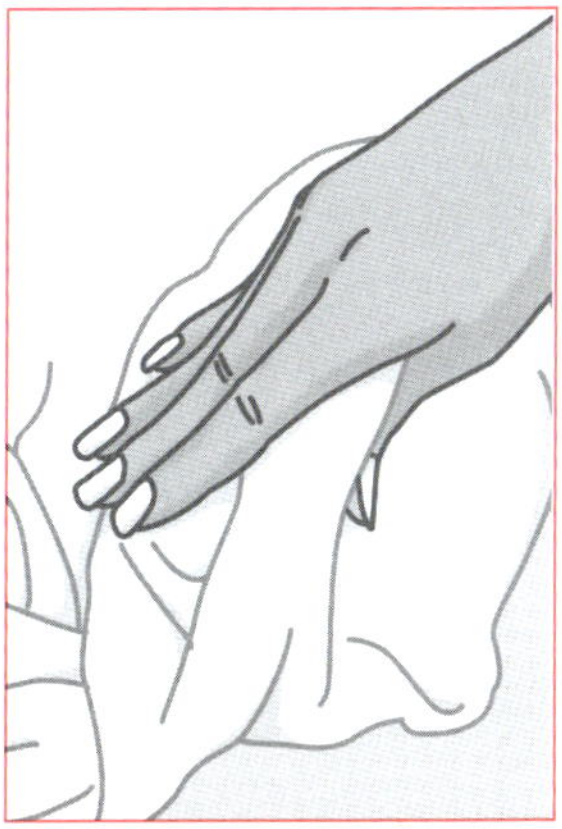

指の付け根でつかむ
洗濯ものや厚い本など

4 自分に合った食事と睡眠をとる
→爪に栄養を与える

私がネイルケアとカラーリングだけのお店を開業してから、カラーリングをやめるまでの10年間、お客様の爪には、二枚爪や剥離《はくり》、深い縦すじなど、さまざまなトラブルがありました。

トラブルが激しくなると、お客様にカラーリングのお休みを提案するのですが、またカラーリングを始めるとすぐ同じ症状になってしまうのです。

ところが、私が化学物質過敏症と診断されたのを機に、サロンでカラーリングをやめた途端、それまで何をやっても消えずに繰り返されていたお客様の8～9割ほどの症状が消えていきました。

しかし、指の使い方を変えてもらい、オイルを塗ってもらい、手袋をしてもらっても、1～2割のお客様は爪のトラブルが改善しませんでした。

他に原因があるのかもしれないと思い、生活の様子を詳しく聞いてみると、**多くは、寝不足だったり、食事が極端に偏ったりしているという共通点がありました。**そして、私自身、ひどい下痢が続いたときには、皮膚と爪がカサカサになり、オイルを塗っても塗っても乾燥して、保湿が追いつかなかったことを思い出しました。

カラーリングをしている人の爪は乾燥している状態が多かったため、その原因が乾燥だけでなく、体調にもあるという発想がそれまでなかったのです。

そのときやっと、**爪は身体の一部なんだ、体調や睡眠や食事が影響するんだ、**と大切なことに気づいたのです。

また、私の化学物質過敏症がピークだったときは、どんなに長時間寝ても、朝起きたときに、とても仕事に行ける状態ではないほど疲れきっていたこともあり、睡眠の大切さを知りました。

睡眠は人によって必要な時間が異なりますし、同じ人でも病気やケガをしているときや、心や身体が疲れているときは、いつもより長い時間が必要だと思います。そのため、お客様には、「十分と感じるだけ睡眠をとってくださいね」とお伝えしています。

食事も同じで、人によって必要な成分や量、避けるべきものが異なりますし、同じ人でも、そのときどきの心身の状態によって違ってくると思います。そんなときは、「できるだけ加工されていない、自然に近い状態の食品のなかで、必要と感じるものを、必要な分だけ、とってくださいね」とお伝えしています。

5 爪をもむ→爪でストレス解消

サロンのお客様の中には、育爪カットとオイルケアを行い、爪を道具にしないように心がけ、さらに食事と睡眠に気を配っても、爪がきれいにならない方がいました。

必要なことは全てしているのに爪が一本だけはがれてしまうのです。病気かもしれないと思い、皮膚科の受診をおすすめしたところ、原因は疲れとストレスということでした。

その方の話を聞いてみると、引っ越しをして仕事も変わり、お子さんの転校など、慣れないことばかりで、いくら眠っても疲れがとれないとのことでした。

慣れない場所や新しい人間関係で相当なストレスがかかっていたそうです。

本人すら自覚していなかったストレスを、爪は「異変」で教えてくれたのです。

また、ストレスから爪を噛《か》む人もいます。

爪を噛んだり、むしったりすると、見た目が悪くなるだけでなく、傷になった場所から細菌なども入りやすくなります。

サロンに噛み爪の相談で見える方は、比較的男性が多いのですが、「爪を噛んでしまい、それを見られるのが恥ずかしい」とおっしゃいます。

こうした噛み爪の方たちの爪を観察してわかったことは、噛んだりむしったりする箇所がだいたい決まっていることです。

それは、噛んでギザギザになっている部分や、ささくれ、乾燥などで見た目が悪くなっている箇所でした。

そこで、ギザギザになっている爪の断面を整え、オイルを塗ることをまめにしてもらったところ、見た目が悪いところを噛む、噛むとさらに見た目が悪くなるという悪循環がなくなりました。ストレスがあっても、噛み爪のくせ自体は直すことができたのです。

話は変わりますが、サロンでお手入れが始まると、すぐ眠ってしまうお客様がいます。何を隠そう誰よりも早く眠くなるのが私自身です。開業して10年後に「爪もみ」の本と出会い、眠くなる理由がわかったときは本当にうれしく思いました。

それは、**爪の生え際には自律神経を整えるのに効果的なツボがあり、そこを刺激されて身体がリラックスする**ためです。

それ以来、自分で簡単にできるストレス解消法として「爪もみ」というマッサージ法を、おすすめしています。

爪もみの方法はとても簡単です。

薬指を除く4本の指の爪の生え際の角から2~5ミリ下の部分を、1本の指につき10秒

程度もんで刺激するだけです。薬指は交感神経を刺激するのでもまないようにしましょう。

もし、ストレスを感じたり、爪を噛みたくなったりしたときには、爪をもんでみてください。

オイルを塗ってから爪をもめば、リラックス効果は倍増します。

爪はストレスを教えてくれるだけでなく、解消もしてくれるのです。

Chapter 3

もっときれいにするためのヒント

薄皮《うすかわ》処理とは？

46ページで薄皮をふきとる方法を紹介しましたが、**薄皮と甘皮は混同しやすい**ため、改めてお話しします。

薄皮（爪上皮角質《そうじょうひかくしつ》）は、甘皮と爪表面の間にある薄い膜で、爪によって見えたり、見えなかったりします。甘皮（爪上皮《そうじょうひ》）は、爪の生え際にある皮膚の先端から伸びて、爪の根元を覆っている角質で、細菌などの侵入を防ぐ役割があります（17ページイラスト）。

甘皮を切ったり、押し上げたりしたときに、気づかないうちに皮膚が破れたり、爪と甘皮の間に隙間ができたりして菌が入り込み、炎症を起こして腫れてしまうことがあります。**甘皮の奥にある爪母《そうぼ》が傷つくと、きれいな爪が生えてこなくなる場合もあります。**

お客様の中には「甘皮が多いからカットしてほしい」という方がいますが、きまって爪のピンクの部分が短い方でした。**長年、多くの爪を観察してきた結果、理由は不明ですが、ピンクの部分が長くなると、ほとんどの場合、甘皮も薄皮も少なくなります。**そのため、「甘皮は切らなくても、ピンクの部分を伸ばすと自然に減ります」とお伝えしています。

私のサロンでは、甘皮はカットせずに、薄皮だけをお手入れしています。

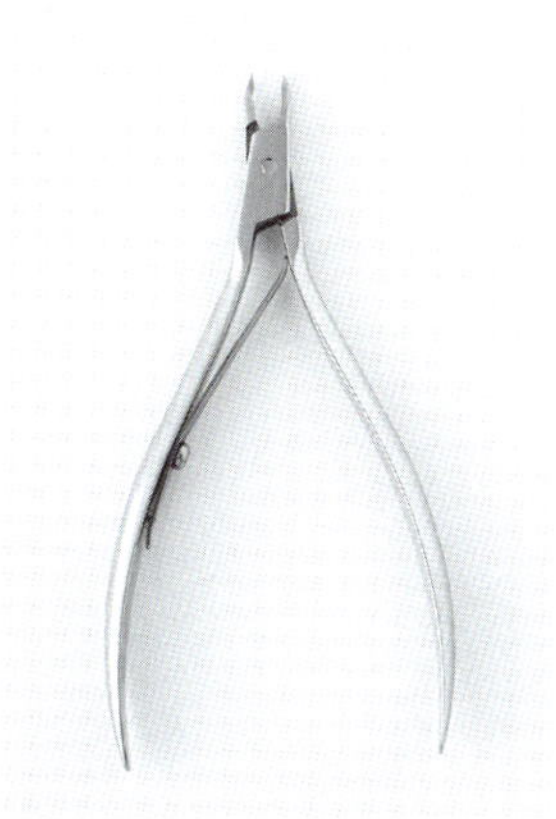

ニッパー

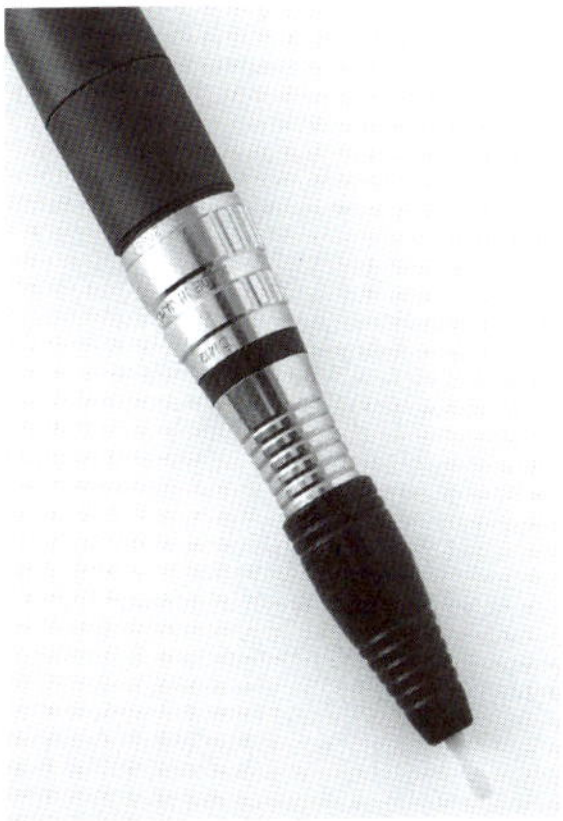

プッシャー

薄皮が多くなると、見た目がきれいでないだけでなく、**ささくれの原因になったり、爪が押さえつけられて形が平面的になってしまうことがあります。**

サロンでは、電動のプッシャーを使って、薄皮を爪の表面からはがします。プッシャーの振動によってマッサージ効果が生まれ、指先の血行を促進する効果もあります。はがれた薄皮は、ニッパーを使って、きれいに取り除いていきます。

サロンのプッシャーは5~6万円、ニッパーは2~3万円のものを使っています。高価な上に、これらを上手に使いこなすには練習を積む必要がありますので、自分でお手入れする場合は、46ページの方法をおすすめします。

爪のこと、もっと知りたい！　Q&A

Q1

爪のためには手袋をしたほうがいいと聞きますが、ずっと手袋をしているわけにもいきません。手袋をするタイミングがあれば教えてください。

A1

手袋をおすすめするタイミングは、外出時、炊事、掃除、片付け、洗濯、衣替え、荷造りです。手袋を習慣にすることで、乾燥と摩擦によるささくれや手荒れが減り、爪を衝撃から守ることもできます。

まず、通勤などの外出時ですが、バッグを持つ、人混みで手が何かにこすれる、といった何気ない動作が摩擦となって、ささくれや手荒れ、細かい傷の原因になります。

初期の手荒れならハンドクリームやオイルでケアできますが、手荒れが悪化して傷になってしまうと、皮膚が生まれ変わるのを待つしかありません。

それには約１ヵ月もかかるので、きれいな手を保つには摩擦から守ることがいちばんです。

家事での水仕事では、ゴム手袋は必須です。台所仕事やお掃除などでお湯や洗剤を使うと、爪の油分が失われて乾燥を招きます。

手袋をすることで、ぞうきんを絞るときの摩擦を軽減したり、ブラシやタワシが、爪と指の間に入ったり、爪に傷をつけるのも防いでくれます。

また、ゴボウやフキなどアクの強い食品を調理するときは要注意です。素手で扱うと、爪が黒っぽくなり、しばらく色がとれません。手袋をすると爪への色素沈着が防げます。

次は洗濯や衣替え、荷造りのときです。

衣類を干す・たたむ・しまうときや、荷物を箱詰めするときは、衣類や箱などに指や爪が触れるたびに、水分・油分が奪われ、さらに摩擦します。

手袋は、水仕事のときはゴム製、外出時と紙や衣類を扱うときは綿やシルクなどの天然素材がおすすめです。

以前、手袋をしてみたけど、指先がぶかぶかで細かい作業ができなかった、逆にピチピチすぎて手に張り付いて不快だった、という場合でも大丈夫です。

今は素材や大きさ、肌触り、色なども豊富でたくさんの種類の手袋が売られています。

お店でいろいろ試して自分にあうものを探すのも楽しいですし、気に入ったものが見つかると、手袋が手放せなくなると思います。

Q2 ジェルネイルをしたら、ペラペラの薄い爪になってしまいました。健康な爪をとり戻すにはどうしたらよいのでしょうか？

A2

薄くなった爪を厚くするには、新しく生え替わるのを待つしかありません。

おすすめの方法はジェルネイルを外さず、爪が伸びた分だけ先端をカットすることです。

手の爪がすべて生え替わるのに6ヵ月ほどかかるので、その間はジェルの付いた爪が残っていて見た目が悪いというデメリットがありますが、自爪への負担は小さくなります。

　ジェルをずっと付けていると、ジェルが爪からはがれて隙間ができることがあります。

　そこから空気や水が入らないよう、ネイルグルーという爪の接着剤を流し込んで補修しながら伸ばしましょう。

　爪とジェルの隙間に水分が入ると、細菌が繁殖しカビが生える原因になります。

　すでにジェルネイルを外してしまった場合は、爪が薄く、爪質ももろく折れやすい状態になっています。

　全体が丈夫な爪に生え替わるまでは、爪の先を伸ばさず、短くカットして、オイルで保湿してください。

Q3 ジェルを塗って「深爪矯正」をしましたが、矯正後に、また深爪に戻ってしまいました。何か原因があるのでしょうか?

A3

主な原因は2つ考えられます。

　1つ目は爪がもろくなっていること、2つ目は指の使い方です。

　一般的に深爪矯正は、短い自爪の上にジェルやスカルプチュアをかぶせて自爪の強さと長さを補い、自爪が伸びてくるのを待ちます。

　この深爪矯正法は、見た目がきれい、比較的早く自爪が伸びるというメリットがありますが、デメリットもあります。

　自爪が十分に伸びて矯正が終わると、ジェルやスカルプチュアを外します。そのときに、自爪が露出しますが、ジェルやスカルプチュアと一体化していた爪の表面は、質はもろく、薄くなっているため、欠けたり割れたりして、深爪に戻ってしまう場合があります。

さらに、爪を何かにぶつけてしまったり、爪を道具として使ったりするのも要注意です。矯正前よりも、爪は弱くなっているので、傷つきやすいのです。

矯正した自爪は、「長いけどもろい」ということを想定して、深爪矯正をしている間に、爪を当てない指の使い方を練習して慣れておくことがおすすめです。

Q4

カラーリングも楽しみたいのですが、どんなところに気をつければよいですか？

A4

爪を傷めないためには、ネイルカラーは2日以内で落とすのがおすすめです。

例えば、1日目の朝に塗ったら、翌日の夜には落とし、その後はオイルで保湿し爪を休ませます。

月に1～2回程度カラーリングを楽しむのであれば、あまりダメージを気にしなくても大丈夫です。

ネイルカラーを塗り続けていると、色素が沈着して、爪が黄色く変色してしまうことがあります。特に赤や青などの濃い色は爪に色素が沈着しやすく、薄い色のほうが沈着しにくい傾向にあります。

また、日頃から育爪を実践して自爪の健康を維持しておくと、ネイルカラーもより美しく映えます。

Q5 とにかく面倒くさがりで、1日に何回もオイルを塗る自信がありません。どうすればよいですか？

A5

忙しいときなどには、ついついオイルを塗るのを忘れてしまいがちです。

オイルを1日に何度も塗るコツは、いつだったら塗ることができそうか、一日の生活をイメージしてタイミングを決めておくことです。

例えば、「起きてすぐ」「食事の前後」「飲食店で注文した後」「電車を待っている間」「トイレで手を洗った後」「お茶で休憩するとき」「寝る直前」などです。

もし、日中に塗り忘れても大丈夫です。例えば、夜、テレビを観ているときに、CMになるたびにオイルを塗れば、1時間に4～5回は塗ることができます。

さらに何日間も塗るのを忘れてしまっても、気にせず、気付いたときに塗りましょう。

たとえ3日に1度でも、1週間に1度でも、塗った分だけ確実にオイルは爪に浸透します。

数時間おきに、等間隔でオイルを塗れば乾燥している時間を最小限にできるのでベストですが、それができなくても大丈夫です。

心のゆとりがあるときに、集中して行ったとしても、塗った分だけ油分が補給されて保湿が持続します。

間隔があいても構わず続けていくと、オイルを塗ったときの心地よさを身体が覚えてしまい、頭で意識しなくても、気付いたらオイルを塗ってしまうようになっていきます。

Q6 刷毛《はけ》の付いたネイル用のオイルがたくさん売られていますが、このようなタイプのものを使っても大丈夫でしょうか？

A6

はい、大丈夫です。

刷毛タイプのものを使う場合は、刷毛にたっぷりとオイルを含ませて、爪の裏側に一滴落とすように塗るのがおすすめです。

こうすることで、オイルを爪側面の溝や爪の生え際にまで流し込むことができます。

また、刷毛は爪や指に接触しないので、爪や指に接触したオイルが容器内に戻ることがありません。オイルの汚れによる品質劣化を防ぐことができ、最後まで良い状態のままオイルを使い切ることができます。

刷毛のほかにも、ボールペンの先のようなロールオンタイプもありますが、この本でご紹介した、オイルを一滴ずつ落とせる点眼容器（ドロップ容器）に移し替えて使うと便利です。

塗りやすく続けやすい方法でオイル保湿をしてください。

Q7 ささくれは、爪切りでカットしてもいいのでしょうか？

A7

ささくれを爪切りで切ろうとすると、ささくれが薄すぎたり、やわらかすぎたりして、うまく切ることができません。

また、刃が幅広いため、ささくれ以外の場所も切れてしまう恐れもあり、おすすめしません。

眉バサミのような、刃先が細くて小さなハサミなら、狙った場所だけを切ることができるのでおすすめです。１００円ショップなどでも手に入ります。

ささくれは、放っておくと摩擦によってさらに深くなってしまい、痛みも伴います。見つけたら、すぐに切り取って、オイルを塗ってください。

オイルで潤った皮膚は、摩擦が起きてもオイルが潤滑剤になってささくれができません。皮膚が裂けてしまった部分もオイルの膜で覆われて、痛みもやわらぐはずです。

Q8
男性ですが、爪を噛む癖で長年悩んでいます。営業職なので、よけい気になります。男性でも治りますか？

A8
性別にかかわらず、爪を噛む癖はなくすことができます。

私のサロンにいらっしゃる男性のお客様の半数以上が、爪を噛む癖を治したいという方です。爪を噛んだり、むしったりするのは、ストレスも原因の一つですが、悩んでいる方に聞いてみると、共通点があります。

いつも噛んでいてギザギザになっている爪や、ささくれができている指など、見た目が悪かったり、触ったときに気になる場所をいじりたくなってしまうそうなのです。

そのため、まずはギザギザになった爪をファイルで滑らかにして、オイルを塗ってもらいます。すると、たいていの方は爪を噛まないようになります。

その理由は、オイルを塗った瞬間に気になっていた部分が目立たなくなり、噛みたい部分が見つからなくなってしまうからだそうです。

噛みたくなったら、ぜひオイルを塗ってみてください。

Q9 指先に荒れとひび割れがあります。どうすればいいですか？

A9

ハンドクリームをこまめに塗っても、指先の手荒れやひび割れが治らないと悩んでいる方は結構いらっしゃいます。

もちろん保湿は大事ですが、実は、それよりも大事なのが、適度に爪を伸ばすことです。爪には、摩擦などから指先を守る役割があります。

しかし、爪が短すぎると、指先を守る役割を果たせません。すると、摩擦によって、指先の皮膚がはがれ落ちて白く粉をふいたようになったり、摩擦から指先を守るために皮膚が角質化して硬くなったりします。

では、どのくらい爪を伸ばす必要があるのかというと、爪の先端が指先から2ミリ程度長ければ大丈夫です。

また爪の長さは適切でも、角を切りすぎている（45ページのイラスト参照）と、指先が露出して荒れたり、ひび割れたりしやすくなります。

荒れやひび割れは、爪を適度に伸ばすことと、爪の両角が適度にある育爪カットすることで改善できます。

57歳・女性が育爪《いくづめ》にチャレンジ！

手がしわしわで、短くて丸い爪をしていた私。マニュキュアでごまかそうとしても、上手に塗ることができず、きれいに塗れても徐々に剥がれていく哀れな爪を見るたび、悲しい気持ちになりました。

２０１６年1月、友人の誘いでラメリック（著者のサロン）に行きました。カットと、薄皮処理、オイルだけできれいになった爪を見て大満足でした。実はこの時、自分の爪が深爪だったことを知り、その自覚がなかったことにも驚きました。

最初はサロンに通ったのですが、数回行くうちに仕事が忙しくなり、通い続けるのは難しいと思うようになりました。そこで、自分でお手入れすることを決意し、ラメリックが主催する講座に行って育爪を学び、実践することにしました。

＊書籍編集者。美容関係には縁がなかったが、すっかり爪オタクに。

Before

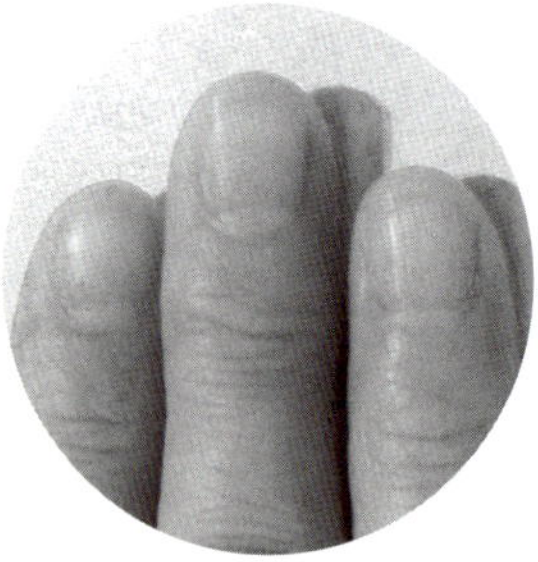

白い部分ができるたび、せっせと爪切りで切っていたことが原因で、深爪になっていた頃の爪。

After

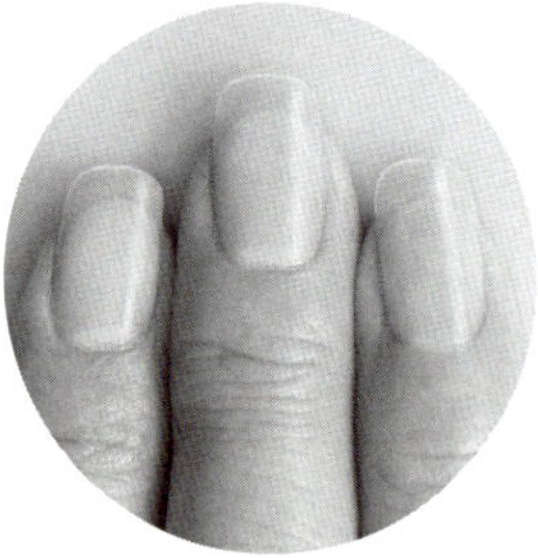

これが自分の爪？ と驚くほどの激変。さらなる、きれいな自爪を目指して現在もお手入れ中。

スタート直後の感想

■爪切りでカットしていたのでファイルは初めて。特に利き手のカットが大変でした。
■長い爪が好きではなく、爪を伸ばすのはいやでした。その上、爪を道具にしないようにとか、オイルを１日５回以上塗らなければなどと毎日毎日考えていたため、頭の中が爪のことでいっぱいになり、神経がすり減りそうでした。

＊実はこの頃、写真を撮っていませんでした（後悔！）。写真を撮ったり、記録することをおすすめします！

育爪開始から6ヵ月後

■ピンクの部分が長くなりました！（写真 - after）。爪がきれいになってくると意識が変わります。自分の爪がかわいくなって、大切にしたいと思うようになりました。
■カットの腕も上達して楽しくなり、５ミリくらいまで伸ばしてみたくなりました。
■周りの人からほめられるようになって、どんどん人に見せたくなったりして……。
■爪に年齢なんて関係ありません。毎日オイルを塗るたびにきれいに育っていく爪を見て、小さな幸せを味わっています♥

育爪日記を作りましょう！

育爪を始める人に、ぜひおすすめしたいのが育爪日記です。

サロンのお客様でも、「育爪をしても、私の爪は全然変わらないんです……」とおっしゃる方がいます。ところが、サロンで撮影した育爪スタート時の写真をお見せすると、自分の爪の変化にすごく驚かれます。爪は、毎日見ているせいか自分では変化に気づきにくいものなので、お手入れの前後に写真を撮っておくとよいでしょう。

撮影をするときのポイントとしては、次の2つです。

①指を揃えて撮影すること。同じポーズのほうが、変化を比べやすい。
②指の横に日付を書いた紙などを置いて撮影すると変化した期間がわかる。

また、写真を撮ったときに、そのときの爪に対する感想や育爪をしていて感じたことをメモしておくと、後で読み返したときにおもしろいと思います。

あとがき

最後まで読んでくださって、本当にありがとうございます。

育爪に興味を持っていただけたら、こんなにうれしいことはありません。

この本で紹介したのは、私がサロンや講座でお客様にお伝えしている爪のお手入れの方法です。少しでもわかりやすくしたいと思い、育爪カットについては、手のすべての指の写真を掲載しました。

しかし、これが「絶対」ということはありません。写真の指の配置や使い方を参考に、自分でやりやすい方法を見つけていただければ幸いです。

これまで爪切りで爪を切っていた場合、ファイルでお手入れをするとなると、少しハードルが高いと感じるかもしれません。

サロンのお客様でも、「自分でカットするのは難しそう」とおっしゃいますが、「サロンに来られなかったから、仕方なく自分でカットしてみたら意外と上手にできた！」という方がとても多いのです。

一度、自分でカットしてみると自信がつくと思います。

カットの手順を見て、難しそうだと感じた方も、とにかく爪を四角い感じにカットして、衣類などに引っかからないように両角をちょっとだけ丸くする、これくらいの軽い気持ちでチャレンジしてみてください。

最初は、「難しそう」「大変そう」「続けられなそう」とおっしゃっていた方ほど、始めてみるとハマる方が多いように感じます。

いまではすっかり「爪オタク」の私も、最初はまったく爪に興味がなかったのですから、爪を育てる楽しさは、一度知ってしまうとやめられなくなるのかもしれません。

私がネイルスクールに通うことになったのは、友人から「ネイルサロン」のことを聞き、爪のお手入れを学べるところがあるのを知ったのがきっかけでした。

もともと「習いごとオタク」だった私は、英会話、着物の着付け、フラワーアレンジメント、習字、日本舞踊など、さまざまな習い事をしていました。爪はとても小さいパーツなので、どれだけ細かい作業なんだろうと考えただけでワクワクしました。そしてネイルサロンに行ったこともないのに、スクールへ申し込んでしまいました。

私は潔癖性だったので、「爪を伸ばしてしまったら、爪にゴミが入ることが一日中気になって、ストレスになるに違いない。それに爪を伸ばしたら、爪先が扇状に広がって格好悪いから嫌だ」と悪いことばかり想像していました。

でも、実際に爪を伸ばしてみたら、想像とはまったく違っていたのです。

深爪だった頃は、いつも爪の白い部分にゴミがはいっていたのに、爪を伸ばしてみたら指の先端まで爪と指の皮膚が密着して、ゴミが入ることがなくなりました。

それまでは「爪は短いほうが清潔」と思い込んでいましたが、その時以来、「爪は伸ばしてピンクの部分も伸ばしたほうが清潔」という確信に変わりました。

さらに、爪を伸ばすと扇状になるどころか、シュッとした縦長のきれいな形になっていたのです。

ネイルスクールでの爪のカット、甘皮処理、カウンセリングなどをもっとやりたくなった私は2つ目のスクールに行きました。その後もずっと続けたくなり、お金を支払わなくても続けられるよう、ネイルサロンで働くことにしました。

当時は、まだジェルネイルがない時代で、ネイルケア、ネイルカラー、スカルプチュアの施術が中心でした。

そんな中で、「私の爪は、生まれつきピンクの部分がきれいな縦長の形にはならないのよ」「爪は伸ばしたくないけどきれいに見せたい」というお客様は、必ずスカルプチュアをしていました。

「私の爪が変わったんだから、他の人の爪だって変わるはず」と信じていた私は、自分の爪をわざと短くカットし、短い爪でもきれいに見える形を、毎晩探していました。そして、ある程度のパターンがわかってくると、短い爪のお客様に「一本だけ私のカットを試させてください」とお願いしていきました。

試行錯誤の末に、短い爪でもきれいな形にできると確信し、爪のお手入れとカラーリングだけのネイルサロンを開業しました。

それから10年後の2003年のある日、突然、身体に異変が起きました。

顔に化粧水を付けただけで肌がヒリヒリ痛くなったり、今まで着ていた化繊の服を着ると息苦しくて着ていられなくなったのです。それまで普通に食べていたもので体調を崩すようにもなりました。

特にカラーリングをしている部屋に入ると、息苦しく、じっとしていることができません。頭痛、めまい、息苦しさなどの症状が日に日にひどくなっていきました。

さまざまな病院で検査を受けても原因は不明のままでした。

それから1～2ヵ月たった頃、あるお客様が北里大学病院のことを教えてくださったので、検査に行くと「化学物質過敏症」だと診断されたのです。

なんと、私が毎日塗っていた、ネイルカラーの中に入っていた有機溶剤が原因だったのです。

「化学物質過敏症は一生治りません。明日から、マニュキュアや除光液などはもちろん、有機溶剤が揮発している場所から離れてください。もし、このまま浴び続けたら、神経だけでなく免疫にも影響が出るかもしれません」と医師から告げられました。

これまで積み上げてきた技術を捨て、今まで自分を応援してくれたお客様とお別れしなければならないと思うと、どんなに考えても解決策はなく、途方に暮れるばかりでした。

お風呂に入ると、お客様一人ひとりの顔が浮かび、涙が溢れてきました。

それから4日間、お風呂のたびに泣き続けました。

そして涙がかれた頃、カラーリングをやめて、お手入れだけのサロンを続けることを思いついたのです。

カラーを目的に来店されていたお客様やカラーを塗りたいスタッフとお別れしたことは、本当に辛く悲しい体験でしたが、その辛さも前進するエネルギーになりました。

こうして、この病気が育爪を生むきっかけとなったのです。

その後は、サロンや講座で、育爪をしたいというたくさんのお客様に出会うことができ、新しい学びや発見をさせていただいています。

そして、育爪をされたお客様から、「爪を噛む癖が治ってうれしい」「本当に爪のピンクの部分が長くなって感動しました」「爪が美しくなったら、自分に自信が持てるようになりました」などと、喜びの声をたくさんいただけるようになりました。

それが、私の何よりの喜びになっています。


病気から10年以上たったいまでは、食べ物や生活習慣を変え、効果があると思われることを全て試し、体調も改善してきています。

とても苦しい体験をさせられた化学物質過敏症ですが、そのおかげで「育爪」が誕生したので、今となっては病気にとても感謝しています。

この本を通じて、私のような病気になる方を減らすことができたり、ジェルネイルやカラーリングができない人へのネイルケアの選択肢が広がれば、うれしく思います。


今までサロン、スクール、カルチャーセンターでお会いしたお客様、過去から現在までのスタッフのおかげで、この本を作ることができました。本当にありがとうございます。

また、出版のきっかけを作ってくださった本田健さん、岡本夫妻、有田智子さん、ありがとうございます。

そして、制作にかかわってくださった広瀬桂子さん、青山貴子さん、こやまたかこさん、川野郁代さん、ありがとうございます。

また、私の手を引いて日々励まし、ここまで連れてきてくださった編集の島口典子さん、お礼の言葉がみつかりません。ありがとうございます。

最後に、陰で支えてくれている実家の家族と、いつも共に歩んでくれている夫に感謝します。

嶋田美津惠

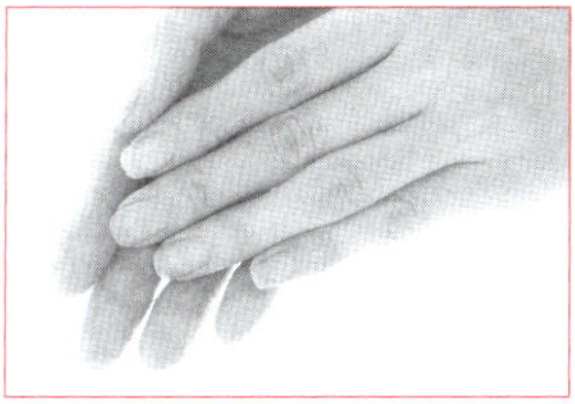

参考文献

『爪は病気の警報機――毎日一回、「じっと手を見る」健康診断』
東　禹彦著（祥伝社）

『爪――基礎から臨床まで――改訂第2版』
東　禹彦著（金原出版）

『JNAテクニカルシステムベーシック』
NPO法人日本ネイリスト協会 教育委員会 監修
（NPO法人日本ネイリスト協会）

『奇跡が起こる爪もみ療法』
福田稔　安保徹監修（マキノ出版）

『ネイルセラピー――介護・福祉にも役立つ爪の手入れ』
山崎比紗子　萩原直見著　東　禹彦医学監修（フレグランスジャーナル社）

『爪のプロフェッショナルが教える美しい爪 健康な爪 基礎知識』
川合美絵著　東　禹彦監修（合同フォレスト株式会社）

公益社団法人日本皮膚科学会ホームページ
https:www.dermatol.or.jp/

Staff

モデル

木村有芳（ラメリック）

口絵1、2、3、p.1、p.15、p.31、p.37～40、p.42、p.44、p.46、p.47、p.49～58、p.63、p.73、p94

嶋田美津恵（ラメリック）

カバー、口絵2、p.18、p.20、p.24、p.26、p.28

ブックデザイン

こやまたかこ

本文イラスト

川野郁代

写真

千葉 諭

帯、口絵4、P.35、P.84、カバー著者写真

小笠原真紀

口絵1、2、3、p.15、p.31、p.37、p.38～40、p.42、p.44、p.46、p.47、p.49～58、p.62、p.63、p.73、p.75、p.93、p.94

近藤信治

カバー、口絵2、p.18、p.20、p.24、p.26、p.28

文章構成

青山貴子

編集

島口典子

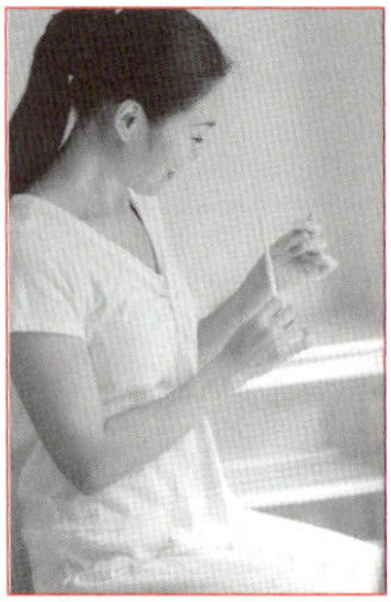

こちらのQRコードまたは
https://ikuzume.jp/susume から、
以下の2つの動画がご覧になれます。

オイルの塗り方▶P62-63
爪を道具にしない▶P66-67

嶋田美津恵 ――― しまだ・みつえ

1964年、東京都生まれ。1993年に大阪・梅田、1995年に東京・自由が丘にネイルサロンをオープンする。2003年、化学物質過敏症を発症し、一切の有機溶剤が使えなくなる。これを機に、有機溶剤を使わない爪のお手入れだけのサロンに完全移行。その後、コンセプトとなる「育爪」「爪育」を商標登録する。サロンには、ナチュラルなお手入れを希望する人や、爪の悩みを抱える人たちからの予約が絶えない。また、プロを目指す人のための講座の他、各種カルチャーセンターで一般の人向けの講座も行っている。

育爪サロンラメリックHP★https://ikuzume.jp/

飾る爪から きれいな自爪へ

育爪《いくづめ》のススメ

2016年12月 1 日　第 1 刷発行
2022年 3 月22日　第 4 刷発行

著者　嶋田美津恵

発行者　鉄尾周一

発行所　株式会社マガジンハウス
東京都中央区銀座3-13-10
〒104-8003
書籍編集部　☎03-3545-7030
受注センター　☎049-275-1811

印刷・製本　大日本印刷株式会社

ISBN978-4-8387-2897-8　C0095

付録「ネイルファイル」について

付録のネイルファイルは、育爪サロン　ラメリックで実際に使用しているミニサイズの高品質の爪ヤスリです。

紙製で真ん中に適度なクッションが入っているので、爪を削る際の衝撃が少なく、また適度な厚みがあって手に持ちやすいことから、爪を優しくカットすることができます。

また、コンパクトなので持ち運びにも便利で、携帯用としてもお使いいただけます。

＊サイズ――――長さ89×幅12×厚さ4ミリ
＊グリット数――黒のファイル
・表面（グリット数180）
・裏面（グリット数180）
ピンクのファイル
・表面／濃いピンク（グリット数280）
・裏面／薄いピンク（グリット数320）

★使用上の注意

・ネイルファイルは消耗品です。使用後は水洗いし、完全に乾かしてからお使いください。濡れたまま使用すると研磨材（粒）がはがれやすくなり、早く消耗します。
・本書の内容に基づいた、爪のお手入れだけにご使用ください。
・力を強く入れすぎたり、勢いよく削ると、縁の部分で皮膚を傷つけることがあるのでご注意ください。

・商品の問い合わせ先……育爪サロン　ラメリック
https://ikuzume.jp/susume